엑스포지멘터리 성경공부 시리즈

사사기

사사기 1-21장

엑스포지멘터리 성경공부 시리즈

사사기

사사기 1-21장

| 송병현 · 임우민 지음 |

EM Exposi Mentary

차례

사사기 서론

"사사기"라는 이름은 이 책이 묘사하는 여호수아와 사무엘 시대 사이에 살면서 이스라엘을 다스렸던 12지도자를 염두하고 붙여졌다. 사사기에서 만나는 이스라엘 지도자들은 재판이나 통치를 통해 이스라엘을 다스린 사람이라기보다는 이스라엘이 이방인의 지배를 받고 있을 때 전쟁을 통해 해방을 가져다준 '군사적 해방자들'이었다. 사사기는 성경에서 가장 다양하고 재미있는 사건과 이야기를 기록하면서도 종종 독자를 당혹하게 하는 내용을 담고 있다. 정치적 음모와 암살, 거짓과 속임수, 강간과 살인, 용기와 두려움, 위대한 믿음과 우상 숭배, 권력과 욕심, 성적 문란과 자살, 사랑과 죽음, 집단 강간과 납치, 전쟁의 승리와 내란 등의 이야기로 채워져 있다. 그러나 사사기를 읽으면서 항상 마음에 두어야 할 것은 비록 내용이 전반적으로 매우 암울하고 참담하지만, 질서와 정의가 지배하는 시대가 곧 올 것을 암시하고 기대하게 한다는 점이다. 이스라엘이 영적으로 몰락한 가장 큰 이유는 올바른 믿음과 가치관을 가르치고 확립할 지도자(왕)가 없었다는 데 있다. 그러므로 사사기는 머지않아 올바른 신앙과 세계관을 확립하고 가르칠 왕이 올 것을 전제한다. 사사기는 현실에 대해 매우 비관적이면서도 미래에 대해서는 상당히 긍정적이고 고무적인 책이다.

1. 저자

수많은 구약 정경처럼 사사기의 저자도 익명으로 우리에게 전해져 왔다. 탈무드와 일부 랍비들은 사무엘이 이 책을 저작했다고 주장했으나, 오늘날 이 주장을 받아들이는 학자는 거의 없다. 저자는 12사사의 사생활과

업적을 기록하지만, 자신이 인용한 출처를 밝히거나 암시하지 않는다. 학자들은 책이 반영하고 있는 내용을 참작하여 사사 시대를 여호수아가 죽은 때부터(삿 1:1) 사울이 왕위에 등극한 때까지로 간주한다(cf. 왕하 23:22). 그러나 사사기의 저작 시기는 논란이 많다. 사사기가 저작되거나 마지막으로 정리된 때는 기록된 사건들 중 시대적으로 제일 늦게 일어난 사건 이후일 것이다. 이 책에 언급된 사건 중 시대적으로 가장 늦은 것은 주전 1100년쯤을 배경으로 하는 삼손 이야기이다. 이 시대는 사울이 왕이 되기 불과 몇십 년 전이며(사울은 1050 BC경에 왕위에 올랐다), 사무엘이 통치하던 시대이기도 하다.

2. 이슈

사사

이스라엘 사사는 백성의 탄원을 듣고 판결을 내리는 오늘날의 '재판관' 개념은 아니었다(4:4-5의 드보라 모습은 예외). 그들은 이스라엘을 다른 족속의 박해에서 구해내는 군사적 지도자들이었다. 하나님이 노략하는 자의 손에서 이스라엘을 구해내기 위해 세우신 자가 바로 사사이다. 그러므로 우리는 사사가 원수의 손에서 이스라엘을 구하지만 이 사사를 세우시는 이는 하나님이라는 점을 깨달아야 한다. 즉 사사기 안에서 이스라엘의 타락은 강조되는 반면 하나님은 이스라엘의 유일한 영웅이자 구원자로 자리를 굳건히 하신다. 사사들 대부분은 결함이 많은 자라는 점도 이런 사실을 역설한다. 이스라엘은 하나님과 언약을 파괴하다시피 했지만 하나님은 이스라엘과 언약 때문에 끝까지 사사를 사용하여 신실하심을 보여주셨다.

천사

천사를 일컫는 "여호와의 사자"라는 표현은 구약 전체에서 49회 사용한다. 그중 19회가 사사기에 있다(2:1, 4, 5:23, 6:11, 12, 21[2회], 22[2회], 13:3, 13, 15, 16[2회], 17, 18, 20, 21[2회]). 천사를 부르는 비슷한 호칭인 "하나님의 사자"라는 표현은 구약에서 11회 사용하는데 그중 3회가 사사기에 있다(6:20, 13:6, 9). 총 빈도수의 3분의 1이 사사기에서 사용되고 있다. 천사에 대한 구약 전체의 3분의 1이 사사기에서 사용된 것은 곧 하나님이 부리시는 천사가 구약의 그 어느 책보다 사사기에서 분주히 움직였음을 뜻한다. 하나님은 이스라엘의 타락과 몰락을 막기 위해 천사를 통해 최선을 다하셨다. 그러나 이스라엘은 보지 못하고 깨닫지 못해 파멸에 이르렀다.
하나님이 이스라엘을 위해 부리신 천사는 대체로 세 가지로 이해할 수 있다. 첫째, 특별한 사명을 가진 진짜 천사이다. 둘째, 순간적으로 사람의 눈에 보여진 하나님의 실체/현현이다. 셋째, 성자 하나님이신 로고스이시다. 삼위일체의 두 번째 존재이신 그리스도의 출현이라는 것이다.

입다의 딸

입다의 딸은 인간 번제로 바쳐졌는가? 아니면 일부 사람의 주장처럼 결혼하지 않고 처녀로 늙어 죽은 헌신을 한 것인가? 두 가지 견해가 맞서 있다. 그러나 여러 가지 사항을 고려해 보면 입다의 딸은 번제로 드려졌다고 볼 수 있다. 입다는 길르앗 사람으로 이 지역 주변에 살던 이방인들은 그모스를 숭배했다. 그모스 숭배자는 신에게 바치는 제사 중 가장 순수하고 감동적인 제물로 인간, 특히 아이를 번제로 바치는 것이라고 생각했다(cf. 왕하 3:27). 입다는 자라면서 그모스를 추종하는 사람이 간혹 사람을 바치는 제사를 드리는 것을 목격하고 자랐을 것이다. 여호와가 어떤 분인지 잘 모르는 상황에서 입다는 그분을 이방 신과 다름없는 신으로 여겼고, 여호와께 사람을 번제로 드리는 것이 나쁘다는 생각을 할 수 없었을 것이다.

기드온

기드온 사건은 이때까지 사사기가 기록하고 있는 다른 사사들 이야기와 중요한 차이점을 지니고 있다. 첫째, 다른 사사들이 전쟁을 치르고 나서는 "땅이 평온했다/안식했다"라는 평가가 뒤따르는 것이 일상적이었다(3:11, 3:30, 5:31, 8:28). 그러나 기드온 사건 이후 다시는 "땅이 평온했다/안식했다"라는 말이 사용되지 않는다. 둘째, 기드온은 하나님의 영광을 탐한 첫 사사였다. 셋째, 기드온은 왕의 자리를 탐하고 왕처럼 행세한 최초의 사사였다. 넷째, 기드온은 첫 '외부자 사사'이다. 일부 학자는 사사를 출신 배경이 좋은 '내부자 사사'와 출신 배경이나 신앙적인 여건이 좋지 않아 정상적인 상황에서는 결코 사사가 될 수 없는 '외부자 사사'로 나눈다. 옷니엘, 에훗, 드보라/바락 등이 내부자 사사에 속하며, 기드온, 입다, 삼손 등이 외부자 사사이다. 외부자 사사는 '혼란스러운 약점과 심각한 결함'을 지녔다. 다섯째, 기드온은 이스라엘에 영적 걸림돌이 된 첫 사사이기도 하다. 그는 미디안과 전쟁에서 백성이 얻은 전리품 중 일부를 수거해 에봇(viz.,제사장의 옷)을 만들었는데 이것이 화근이 되어 이스라엘은 하나님께 죄를 범하게 된다(8:24–27). 여섯째, 기드온 사건 이후 시간이 지날수록 내란이 잦아진다. 즉 기드온 시대 이후 이스라엘의 몰락이 가속화되고 있다. 이렇게 볼 때 기드온은 최악의 사사라 할 수 있다.

여성의 지위

사사기는 구약의 어느 책보다 여성의 활동을 역설한다. 갈렙의 딸 악사는 친정 아버지에게 남편 옷니엘이 얻어 내지 못한 땅을 얻어 냈다. 드보라는 사사기에서 유일하게 재판 등 법적인 절차를 통해 이스라엘 백성에게 하나님의 뜻을 밝혀 준 긍정적인 위치를 고수했다. 야엘은 시스라를 죽임으로써, 이스라엘의 찬양을 한몸에 받았다. 형제를 70명이나 죽이면서 왕이 된 아비멜렉은 한 여인이 던진 맷돌에 맞아 운명을 달리했다. 입다의 딸은 아버지의 어리석은 맹세가 지켜지도록 생명을 내놓았다. 에브라임 산악 지역에 살던 레위 사람의 첩은 남편의 생명을 대신해 희생되었다. 이외에도 삼손의 아내들은 삼손의 몰락에 매우 중요한 역할을 했다. 이 시대는 남성이 리더십을 제대로 발휘하지 못한 때이지만, 상대적으로 여성은 매우 긍정적인 리더십을 발휘한 때였다.

3. 신학과 메시지

이스라엘의 반역

하나님이 선물로 주신 땅을 소유하며 누리는 일을 위협한 것은 이스라엘의 반역이었다. 이스라엘 사람은 하나님과 언약을 파괴해 가며 가나안 신들을 섬겼다. 그들의 선조들은 이집트에서 하나님의 기적을 많이 체험했고, 광야에서 매일 그분의 이적을 보면서도 하나님께 반역해 광야에서 죽어야 했다. 불신 때문에 광야에서 죽어 갔던 출애굽 1세대의 후예들은 조상의 경험에서 배우지 못하고 그들이 저지른 죄를 그대로 답습하고 있다.

하나님의 신실하심

이스라엘의 끊이지 않는 반역과 대조를 이루는 것이 바로 하나님의 꾸준하심과 신실하심이다. 하나님은 죄를 범하는 백성을 계속 구원하셨다. 하나님은 백성의 신음이 들릴 때마다 그들을 위해 사사를 세우셨다(2:16, 18). 사사기를 읽다 보면 하나님만이 유일한 영웅으로 드러난다. 하나님이 이스라엘의 유일한 영웅되심은 사사기 안에서 크게 두 가지를 통해 암시된다. 첫째, 사사들이 이스라엘을 속박에서 해방하기 위해 사용한 무기를 보면 전쟁에서 사용할만한 것이 못 된다.

사사	무기	상대의 무기	전술
에훗(3:12-30)	한 자 길이의 양면 검		숨겨 간 무기로 에글론을 암살함
삼갈(3:31)	소를 모는 막대기		
드보라(4장)	900대 철 병거		
기드온(7장)	나팔, 항아리, 횃불	셀 수 없이 많은 적과 낙타	야밤 습격, 혼돈, 소음
아비멜렉(9장)	성벽에 던진 맷돌 위짝		잠복, 불
삼손(15-16장)	당나귀 턱뼈		

둘째, 하나님이 사사로 세우신 자를 보면 모범 신앙인은커녕 일반인보다 문제가 많은 사람이었다. 사사로 부르심을 받을 만한 자격을 갖춘 자가 없었다. 또한 사사들은 이스라엘의 영성 회복에 이렇다 할 기여를 하지 못했다. 오히려 회복에 방해 요인으로 작용한 때가 많았다.

4. 구조와 개요

Ⅰ. 두 서론: 이스라엘의 가나안 정복 실패(1:1–3:6)

1장 역사적 서론: 정복의 성과와 실패(1:1–2:5)

2장 신학적 서론: 하나님을 배반함(2:6–3:6)

Ⅱ. 본론: 거듭되는 고난과 해방(3:7–16:31)

3장 옷니엘 대 아람(3:7–11)

4장 에훗 대 모압(3:12–30)

5장 삼갈 이야기(3:31)

6장 드보라와 바락 대 가나안(4:1–5:31)

7장 기드온 대 미디안(6:1–8:32)

8장 아비멜렉 왕(8:33–9:57)

9장 돌라와 야일(10:1–5)

10장 입다 대 암몬(10:6–12:7)

11장 입산과 엘론과 압돈(12:8–15)

12장 삼손 대 블레셋(13:1–16:31)

Ⅲ. 두 결론: 이스라엘의 총체적 부패(17:1–21:25)

13장 이스라엘의 종교적 부패(17:1–18:31)

14장 이스라엘의 정치적·사회적 부패(19:1–21:25)

제1주 못한 것? 안 한 것?

사사기 1:1–36

복습

1 사사기의 이슈 중에서 당신이 새롭게 알게 된 사실은 무엇인가?

사사기 1:1–36

1:1 여호수아가 죽은 후에 이스라엘 자손이 여호와께 여쭈어 이르되 우리 가운데 누가
먼저 올라가서 가나안 족속과 싸우리이까 2 여호와께서 이르시되 유다가 올라갈지니
라 보라 내가 이 땅을 그의 손에 넘겨 주었노라 하시니라 3 유다가 그의 형제 시므온
에게 이르되 내가 제비 뽑아 얻은 땅에 나와 함께 올라가서 가나안 족속과 싸우자 그
리하면 나도 네가 제비 뽑아 얻은 땅에 함께 가리라 하니 이에 시므온이 그와 함께 가
니라 4 유다가 올라가매 여호와께서 가나안 족속과 브리스 족속을 그들의 손에 넘겨
주시니 그들이 베섹에서 만 명을 죽이고 5 또 베섹에서 아도니 베섹을 만나 그와 싸워
서 가나안 족속과 브리스 족속을 죽이니 6 아도니 베섹이 도망하는지라 그를 쫓아가
서 잡아 그의 엄지손가락과 엄지발가락을 자르매 7 아도니 베섹이 이르되 옛적에 칠
십 명의 왕들이 그들의 엄지손가락과 엄지발가락이 잘리고 내 상 아래에서 먹을 것을
줍더니 하나님이 내가 행한 대로 내게 갚으심이로다 하니라 무리가 그를 끌고 예루살
렘에 이르렀더니 그가 거기서 죽었더라 8 유다 자손이 예루살렘을 쳐서 점령하여 칼

날로 치고 그 성을 불살랐으며 9 그 후에 유다 자손이 내려가서 산지와 남방과 평지에
거주하는 가나안 족속과 싸웠고 10 유다가 또 가서 헤브론에 거주하는 가나안 족속을
쳐서 세새와 아히만과 달매를 죽였더라 헤브론의 본 이름은 기럇 아르바였더라 11 거
기서 나아가서 드빌의 주민들을 쳤으니 드빌의 본 이름은 기럇 세벨이라 12 갈렙이 말
하기를 기럇 세벨을 쳐서 그것을 점령하는 자에게는 내 딸 악사를 아내로 주리라 하
였더니 13 갈렙의 아우 그나스의 아들인 옷니엘이 그것을 점령하였으므로 갈렙이 그
의 딸 악사를 그에게 아내로 주었더라 14 악사가 출가할 때에 그에게 청하여 자기 아
버지에게 밭을 구하자 하고 나귀에서 내리매 갈렙이 묻되 네가 무엇을 원하느냐 하니
15 이르되 내게 복을 주소서 아버지께서 나를 남방으로 보내시니 샘물도 내게 주소서
하매 갈렙이 윗샘과 아랫샘을 그에게 주었더라 16 모세의 장인은 겐 사람이라 그의 자
손이 유다 자손과 함께 종려나무 성읍에서 올라가서 아랏 남방의 유다 황무지에 이르
러 그 백성 중에 거주하니라 17 유다가 그의 형제 시므온과 함께 가서 스밧에 거주하
는 가나안 족속을 쳐서 그 곳을 진멸하였으므로 그 성읍의 이름을 호르마라 하니라 18
유다가 또 가사 및 그 지역과 아스글론 및 그 지역과 에그론 및 그 지역을 점령하였고
19 여호와께서 유다와 함께 계셨으므로 그가 산지 주민을 쫓아내었으나 골짜기의 주
민들은 철 병거가 있으므로 그들을 쫓아내지 못하였으며 20 그들이 모세가 명령한 대
로 헤브론을 갈렙에게 주었더니 그가 거기서 아낙의 세 아들을 쫓아내었고 21 베냐민
자손은 예루살렘에 거주하는 여부스 족속을 쫓아내지 못하였으므로 여부스 족속이 베
냐민 자손과 함께 오늘까지 예루살렘에 거주하니라 22 요셉 가문도 벧엘을 치러 올라
가니 여호와께서 그와 함께 하시니라 23 요셉 가문이 벧엘을 정탐하게 하였는데 그 성
읍의 본 이름은 루스라 24 정탐꾼들이 그 성읍에서 한 사람이 나오는 것을 보고 그에
게 이르되 청하노니 이 성읍의 입구를 우리에게 보이라 그리하면 우리가 네게 선대하
리라 하매 25 그 사람이 성읍의 입구를 가리킨지라 이에 그들이 칼날로 그 성읍을 쳤
으되 오직 그 사람과 그의 가족을 놓아 보내매 26 그 사람이 헷 사람들의 땅에 가서 성
읍을 건축하고 그것의 이름을 루스라 하였더니 오늘까지 그 곳의 이름이 되니라 27 므
낫세가 벧스안과 그에 딸린 마을들의 주민과 다아낙과 그에 딸린 마을들의 주민과 돌
과 그에 딸린 마을들의 주민과 이블르암과 그에 딸린 마을들의 주민과 므깃도와 그에
딸린 마을들의 주민들을 쫓아내지 못하매 가나안 족속이 결심하고 그 땅에 거주하였
더니 28 이스라엘이 강성한 후에야 가나안 족속에게 노역을 시켰고 다 쫓아내지 아니
하였더라 29 에브라임이 게셀에 거주하는 가나안 족속을 쫓아내지 못하매 가나안 족

속이 게셀에서 그들 중에 거주하였더라 30 스불론은 기드론 주민과 나할롤 주민을 쫓
아내지 못하였으므로 가나안 족속이 그들 중에 거주하면서 노역을 하였더라 31 아셀이
악고 주민과 시돈 주민과 알랍과 악십과 헬바와 아빅과 르홉 주민을 쫓아내지 못하고
32 아셀 족속이 그 땅의 주민 가나안 족속 가운데 거주하였으니 이는 그들을 쫓아내지
못함이었더라 33 납달리는 벧세메스 주민과 벧아낫 주민을 쫓아내지 못하고 그 땅의
주민 가나안 족속 가운데 거주하였으나 벧세메스와 벧아낫 주민들이 그들에게 노역
을 하였더라 34 아모리 족속이 단 자손을 산지로 몰아넣고 골짜기에 내려오기를 용납
하지 아니하였으며 35 결심하고 헤레스 산과 아얄론과 사알빔에 거주하였더니 요셉의
가문의 힘이 강성하매 아모리 족속이 마침내는 노역을 하였으며 36 아모리 족속의 경
계는 아그랍빔 비탈의 바위부터 위쪽이었더라

말씀 돋보기(관찰)

1 여호수아가 죽은 후에 이스라엘 자손이 질문한 것은 무엇이며, 어떤 의미를 갖고 있는가?(삿 1:1)

....

....

....

Tip

여호수아가 죽은 후 그의 대를 잇는 리더가 없었기에 이스라엘 백성은 직접 하나님께 물었다. "우리 가운데 어느 지파가 먼저 올라가서 가나안 사람과 싸워야 합니까?"(새번역) 백성이 중보자/중재자를 거치지 않고 곧장 하나님께 나아가는 새로운 의사소통 방식이 사용되고 있다. 하나님 뜻을 알기 위해 이스라엘은 아마도 제비뽑기의 일종인 우림과 둠밈을 사용했을 것이다(cf. 민 27:21). 표면적으로는 하나님과의 직접적인 대화가 가능한 것이어서 좋아 보인다. 그러나 이런 방식은 그동안 하나님이 중재자를 통해 백성을 인도하신 것에 비해 이제부터는 중재자 없이 스스로 해야 된다는 의미이다.

2 하나님은 유다 지파를 지명하시는데 유다 지파는 어떤 실수를 하는가?(삿 1:2–3)

....

....

Tip 하나님의 지명을 받은 유다 지파는 자신들의 영토의 일부를 기업으로 받은 시므온 지파에게(수 19장) 가나안 사람을 상대로 힘을 합해 싸우자고 제안한다. 문제는 하나님은 유다 지파만을 지명하셨는데 유다가 시므온에게 도움을 청하고 있는 것이다. 하나님이 분명 승리를 약속하셨는데도 말이다. 게다가 유다는 이스라엘에서 가장 큰 지파였고, 시므온은 가장 작은 지파였다. 그러므로 시므온은 유다에게 이렇다 할 군사적 도움을 줄 만한 상황이 아니었다고 봐야 한다. 그래서 많은 학자는 이런 유다 지파의 행동을 불신에서 온 불순종이라고 한다.

3 이스라엘의 가나안화 시작을 암시하는 사건은 무엇인가?(삿 1:6–7)

....

....

Tip 이스라엘은 사로잡은 아도니 베섹의 엄지손가락과 엄지발가락을 자르고 예루살렘으로 끌고 갔다. 엄지손가락을 잘라 내면 칼을 잡을 수 없고, 엄지발가락을 잘라 내면 제대로 설 수 없다. 베섹의 주권자를 칼도 잡을 수 없고, 민첩하게 이동할 수도 없는 제구실 못하는 지도자로 전락시킨 것이다. 이것은 적을 공격하여 적장을 생포하면 엄지손가락과 엄지발가락을 잘라 수모를 주는 가나안 사람의 풍습이었다. 이런 잔인성과 죄로 하나님은 가나안 사람에게서 땅을 빼앗아 이스라엘에게 주셨다. 그런데 선민이라고 자부하며 가나안 정복에 나선 이스라엘이 가나안 풍습을 그대로 답습하고 있다. 또한 이들이 아도니 베섹을 처리하는 방법도 하나님 명령을 거역하는 행위였다. 그들은 아도니 베섹을 당장 처형하지 않고 예루살렘으로 끌고 갔다. 하나님은 아도니 베섹을 포함한 모든 가나안 사람을 진멸할 것을 선언하셨다(신 7:1–2, 20:16–17). 사사기에 기록된 첫 사건은 이스라엘의 가나안화 시작과 하나님 명령에 대한 불순종을 암시하고 있다.

4 유다 지파가 큰 어려움 없이 가나안 사람과 전쟁하여 승리하는 이유는 무엇인가?(삿 1:2, 19)

....

....

Tip 유다가 가나안 사람과 전쟁할 때마다 승리한 이유는 하나님이 함께하셨기에 가능한 일이라고 정확히 밝히고 있다. 가나안 정복 전쟁은 하나님의 성전(聖戰)이었다. 그렇기에 하나님이 함께하면 승리는 보장된 것이나 다름없었다.

5 북쪽 지파가 가나안 사람을 내쫓지 않은 이유는 무엇인가?(삿 1:28, 30, 33, 35)

....

....

Tip 에브라임 지파가 중심인 북쪽 지파들이 하나님 명령을 거역하면서까지 가나안 사람을 살려준 것은 경제적인 이유 때문이다. 이스라엘이 하나님 명령에 순종하려면 가나안 사람을 진멸해야 하는데 죽이지 않고 종으로 부렸다. 그들을 노예로 부리면서 값싼 인력을 확보하려고 하나님 명령을 거역하고 있는 것이다. 여호수아가 죽자마자 경제적인 부흥과 부가 이스라엘 사람의 신이 되어 버렸다. 히브리어로 '못하는 것'과 '안 하는 것'은 표현이 다른데 의도적으로 안 하는 것으로 표현되고 있다.

삶의 내비게이션(적용)

1 이스라엘은 하나님 말씀보다 자신의 판단과 결정에 따라 행동하고 있다. 당신은 어떤 일을 판단하고 결정할 때 무엇을 우선순위로 두는가?

관찰문제 3번, 5번 참고.

2 당신이 하나님이 분명히 싫어하실 것을 알면서도 경제적인 이유로 해결하지 못하는 것은 무엇이 있는가?

관찰문제 5번 참고.

3 유다 지파가 엄지손가락과 엄지발가락을 자르는 것은 가나안 풍습을 그대로 따른 것으로 가나안화가 시작되고 있음을 의미한다. 우리 사이에 알게 모르게 가나안화되고 있는 것은 무엇인가?

관찰문제 3번 참고.

생활의 아로마(실천)

제2주 은밀한 배신

사사기 3:12-30

복습

1 북쪽 지파들이 가나안 사람을 내쫓지 않은 이유는 무엇인가?(삿 1:28, 30, 33, 35)

....

....

....

사사기 3:12-30

3:12 이스라엘 자손이 또 여호와의 목전에 악을 행하니라 이스라엘 자손이 여호와의 목
전에 악을 행하므로 여호와께서 모압 왕 에글론을 강성하게 하사 그들을 대적하게 하
시매 13 에글론이 암몬과 아말렉 자손들을 모아 가지고 와서 이스라엘을 쳐서 종려나
무 성읍을 점령한지라 14 이에 이스라엘 자손이 모압 왕 에글론을 열여덟 해 동안 섬
기니라 15 이스라엘 자손이 여호와께 부르짖으매 여호와께서 그들을 위하여 한 구원
자를 세우셨으니 그는 곧 베냐민 사람 게라의 아들 왼손잡이 에훗이라 이스라엘 자손
이 그를 통하여 모압 왕 에글론에게 공물을 바칠 때에 16 에훗이 길이가 한 규빗 되는
좌우에 날선 칼을 만들어 그의 오른쪽 허벅지 옷 속에 차고 17 공물을 모압 왕 에글론
에게 바쳤는데 에글론은 매우 비둔한 자였더라 18 에훗이 공물 바치기를 마친 후에 공
물을 메고 온 자들을 보내고 19 자기는 길갈 근처 돌 뜨는 곳에서부터 돌아와서 이르
되 왕이여 내가 은밀한 일을 왕에게 아뢰려 하나이다 하니 왕이 명령하여 조용히 하라

하매 모셔 선 자들이 다 물러간지라 20 에훗이 그에게로 들어가니 왕은 서늘한 다락방
에 홀로 앉아 있는 중이라 에훗이 이르되 내가 하나님의 명령을 받들어 왕에게 아뢸
일이 있나이다 하매 왕이 그의 좌석에서 일어나니 21 에훗이 왼손을 뻗쳐 그의 오른
쪽 허벅지 위에서 칼을 빼어 왕의 몸을 찌르매 22 칼자루도 날을 따라 들어가서 그 끝
이 등 뒤까지 나갔고 그가 칼을 그의 몸에서 빼내지 아니하였으므로 기름이 칼날에 엉
겼더라 23 에훗이 현관에 나와서 다락문들을 뒤에서 닫아 잠그니라 24 에훗이 나간 후
에 왕의 신하들이 들어와서 다락문들이 잠겼음을 보고 이르되 왕이 분명히 서늘한 방
에서 그의 발을 가리우신다 하고 25 그들이 오래 기다려도 왕이 다락문들을 열지 아니
하는지라 열쇠를 가지고 열어 본즉 그들의 군주가 이미 땅에 엎드러져 죽었더라 26 그
들이 기다리는 동안에 에훗이 피하여 돌 뜨는 곳을 지나 스이라로 도망하니라 27 그가
이르러 에브라임 산지에서 나팔을 불매 이스라엘 자손이 산지에서 그를 따라 내려오
니 에훗이 앞서 가며 28 그들에게 이르되 나를 따르라 여호와께서 너희의 원수들인 모
압을 너희의 손에 넘겨 주셨느니라 하매 무리가 에훗을 따라 내려가 모압 맞은편 요단
강 나루를 장악하여 한 사람도 건너지 못하게 하였고 29 그 때에 모압 사람 약 만 명을
죽였으니 모두 장사요 모두 용사라 한 사람도 도망하지 못하였더라 30 그 날에 모압이
이스라엘 수하에 굴복하매 그 땅이 팔십 년 동안 평온하였더라

말씀 돋보기(관찰)

1 이스라엘이 18년 동안 모압의 지배를 받게 된 이유는 무엇인가?(삿 3:12)

....

....

Tip 이스라엘이 여호와의 목전에서 악을 행하자 분노하신 하나님이 모압 왕 에글론을 강성하게 하여 이스라엘을 대적하게 하셨다. 이스라엘이 어떤 죄를 저질렀는지는 밝히지 않지만, 지금까지 내용을 살펴보면 우상 숭배였을 것으로 보인다(2:11, 3:7). 사사기 3장 12절은 "여호와께서 모압 왕

에글론을 강성하게 하사"라는 독특한 표현으로 이때까지 이스라엘의 위협적인 상대가 되지 못한 모압이 이스라엘의 죄로 강하게 되었으며, 상황을 이렇게 만들어 가신 이는 다름 아닌 여호와이심을 강조한다.

2 하나님이 세우신 사사 에훗은 어떤 사람인가?(삿 3:15-19)

....

....

Tip 모압의 통치 아래 18년을 보낸 이스라엘이 여호와께 부르짖으니 하나님은 그들의 울음소리를 들으시고 에훗을 구원자로 세우셨다. 에훗은 베냐민 지파 사람이었는데, 이는 보잘것없고 아무것도 기대할 것 없는 지파에서 이스라엘의 구원자가 나온 것을 의미한다. 베냐민을 문자적으로 해석하면 '오른손의 아들'이라는 뜻이다. 여기에 정관사를 붙이는 것은 그가 베냐민 지파에 속한 유능한 군인 중에서도 최고 엘리트였던 것을 강조하기 위해서이다. 그러므로 에훗은 '오른손의 아들 지파'에 속한 최고 군인이었다. 그런데 에훗은 정작 '왼손잡이'였다.

3 에훗의 모압 왕 에글론을 죽이기 위한 준비는 무엇이었는가?(삿 3:15)

....

....

Tip 에훗은 에글론을 죽이기 위해 한 규빗(약 30cm) 되는 길이의 칼을 준비하고 그와 낯을 익히기 위해 조공을 들고 찾아갔다. 에훗은 에글론에게 조공 외에 다른 것(칼)을 주고자 만반의 준비를 했는데, 그것은 에글론에게 조공(제물)을 바치면서 그를 조공(제물)삼기 위한 준비를 마친 것이다. 이스라엘의 조공 배달자로 선택받은 에훗은 한 규빗쯤 되는 양쪽에 날이 선 칼을 만들어 오른쪽 허벅지 옷 속에 차고 길을 떠났다. 허벅지에 칼을 차고 길을 떠났다는 것은 이 기회를 통해 에글론을 암살하려고 마음을 굳혔음을 뜻한다. 또한 에훗이 양쪽에 날이 선 칼을 지녔다는 것은 적을 내리치는 것이 아니라 찌르려는 음모를 가졌음을 암시한다. 에훗이 오른쪽 허벅지에 단검을 찬 것은 왼손을 능률적으로 잘 사용할 수 있었음을 뜻한다. 그뿐만 아니라 대부분 사람이 오른손잡이여서 무기를 찾기 위해 몸을 수색할 때 일반적으로 왼쪽은 유심히 보지만 오른쪽은 대충 검사하는 정황을 잘 활용한 것이다.

4 에훗은 모압 왕 에글론을 어떻게 암살했는가?(삿 3:21–25)

....

....

Tip

조공 배달 임무를 성공적으로 마친 에훗은 동료들과 함께 자신의 땅으로 돌아가는 척하다가 홀로 에글론에게 돌아왔다. 그는 왕에게 '은밀한 말씀'을 드리겠다고 한다. 히브리어로 '말씀'은 물건을 뜻하기도 한다. 그러므로 '은밀히 드릴 말씀'은 곧 '은밀히 드릴 물건'으로 해석할 수 있다. 에훗을 전혀 의심하지 않은 에글론은 그의 '은밀한 말'을 은밀하게 듣기 위해 부하들을 모두 물러나게 했다(19절). 왕과 홀로 있게 된 에훗은 오른쪽 허벅지에 숨겨 둔 칼을 왼손으로 뽑아 뚱뚱한 에글론의 복부를 찔렀다(21절). '은밀한 말씀'이 '은밀한 물건(칼)'으로 실체를 드러내는 순간이다. 에훗이 얼마나 세게 찔렀는지 칼자루까지도 칼날을 따라 들어갔으며, 칼끝이 등 뒤로 나왔다고 한다. 그뿐만 아니라 에훗이 그 칼을 빼지 않고 그대로 두었기 때문에 기름기가 칼에 엉겨 붙었다(22절). 또한 배에서 흘러나온 배설물로 인해 에글론이 '발을 가리고 있다'라고 부하들이 확신했다.

* 에훗의 승리 요인: 간교하고, 기회주의적, 폭력적, 속임수의 명수

– 가나안적인 윤리와 가치관의 단면

5 에훗의 전쟁 외침은 무엇이며, 어떤 의미를 갖고 있는가?(삿 3:28)

....

....

Tip

에훗의 전쟁 외침은 "여호와께서 너희의 원수들인 모압을 너희의 손에 넘겨 주셨느니라"였다. 비록 계략을 꾸미고 칼을 만드는 등 자신도 많은 노력을 하며 속임수를 썼지만 이날의 승리는 여호와의 은총임을 고백하는 표현이다. 모압이 이스라엘을 정복하여 통치하는 것은 처음부터 버거운 일이었기에 에글론이 죽은 이후의 모압 군대는 더는 이스라엘의 적수가 되지 못했다. 특히 에훗이 고백한 것처럼 하나님이 그들을 이스라엘의 손에 붙이신 상황에서는 더욱 그렇다. 이스라엘은 여호와의 은총으로 완전한 승리를 거두었다.

삶의 내비게이션(적용)

1 평소에 대수롭지 않게 생각했던 사람이 어느 날 갑자기 위협적인 존재로 돌변할 때, 우리는 그것을 하나님의 경고로 알고 회개해야 한다. 당신이 경험한 일은 무엇이 있는가?

관찰문제 4번 참고.

2 '은밀한 것'을 듣고자 했던 에글론은 '은밀한 죽음'을 맞이한다. 당신이 좋아하는 '은밀한 것'에는 무엇이 있는가?

관찰문제 4번 참고.

3 에훗은 속임수를 사용했지만 전쟁의 승리가 여호와의 은총임을 고백하고 있다. 당신은 정당한 과정이 중요한가 아니면 결과가 중요한가?

관찰문제 5번 참고.

생활의 아로마(실천)

제3주 여인 천하

사사기 4:1-21

복습

1 에훗의 전쟁 외침은 무엇이며, 어떤 의미를 갖고 있는가?(삿 3:28)

사사기 4:1-21

4:1 에훗이 죽으니 이스라엘 자손이 또 여호와의 목전에 악을 행하매 2 여호와께서 하
솔에서 통치하는 가나안 왕 야빈의 손에 그들을 파셨으니 그의 군대 장관은 하로셋 학
고임에 거주하는 시스라요 3 야빈 왕은 철 병거 구백 대가 있어 이십 년 동안 이스라
엘 자손을 심히 학대했으므로 이스라엘 자손이 여호와께 부르짖었더라 4 그 때에 랍
비돗의 아내 여선지자 드보라가 이스라엘의 사사가 되었는데 5 그는 에브라임 산지
라마와 벧엘 사이 드보라의 종려나무 아래에 거주하였고 이스라엘 자손은 그에게 나
아가 재판을 받더라 6 드보라가 사람을 보내어 아비노암의 아들 바락을 납달리 게데
스에서 불러다가 그에게 이르되 이스라엘의 하나님 여호와께서 이같이 명령하지 아니
하셨느냐 너는 납달리 자손과 스불론 자손 만 명을 거느리고 다볼 산으로 가라 7 내가
야빈의 군대 장관 시스라와 그의 병거들과 그의 무리를 기손 강으로 이끌어 네게 이
르게 하고 그를 네 손에 넘겨 주리라 하셨느니라 8 바락이 그에게 이르되 만일 당신이
나와 함께 가면 내가 가려니와 만일 당신이 나와 함께 가지 아니하면 나도 가지 아니

하겠노라 하니 9 이르되 내가 반드시 너와 함께 가리라 그러나 네가 이번에 가는 길에
서는 영광을 얻지 못하리니 이는 여호와께서 시스라를 여인의 손에 파실 것임이니라
하고 드보라가 일어나 바락과 함께 게데스로 가니라 10 바락이 스불론과 납달리를 게
데스로 부르니 만 명이 그를 따라 올라가고 드보라도 그와 함께 올라가니라 11 모세의
장인 호밥의 자손 중 겐 사람 헤벨이 떠나 게데스에 가까운 사아난님 상수리나무 곁에
이르러 장막을 쳤더라 12 아비노암의 아들 바락이 다볼 산에 오른 것을 사람들이 시스
라에게 알리매 13 시스라가 모든 병거 곧 철 병거 구백 대와 자기와 함께 있는 모든 백
성을 하로셋학고임에서부터 기손 강으로 모은지라 14 드보라가 바락에게 이르되 일어
나라 이는 여호와께서 시스라를 네 손에 넘겨 주신 날이라 여호와께서 너에 앞서 나가
지 아니하시느냐 하는지라 이에 바락이 만 명을 거느리고 다볼 산에서 내려가니 15 여
호와께서 바락 앞에서 시스라와 그의 모든 병거와 그의 온 군대를 칼날로 혼란에 빠지
게 하시매 시스라가 병거에서 내려 걸어서 도망한지라 16 바락이 그의 병거들과 군대
를 추격하여 하로셋학고임에 이르니 시스라의 온 군대가 다 칼에 엎드러졌고 한 사람
도 남은 자가 없었더라 17 시스라가 걸어서 도망하여 겐 사람 헤벨의 아내 야엘의 장
막에 이르렀으니 이는 하솔 왕 야빈과 겐 사람 헤벨의 집 사이에는 화평이 있음이라
18 야엘이 나가 시스라를 영접하며 그에게 말하되 나의 주여 들어오소서 내게로 들어
오시고 두려워하지 마소서 하매 그가 그 장막에 들어가니 야엘이 이불로 그를 덮으니
라 19 시스라가 그에게 말하되 청하노니 내게 물을 조금 마시게 하라 내가 목이 마르
다 하매 우유 부대를 열어 그에게 마시게 하고 그를 덮으니 20 그가 또 이르되 장막 문
에 섰다가 만일 사람이 와서 네게 묻기를 여기 어떤 사람이 있느냐 하거든 너는 없다
하라 하고 21 그가 깊이 잠드니 헤벨의 아내 야엘이 장막 말뚝을 가지고 손에 방망이
를 들고 그에게로 가만히 가서 말뚝을 그의 관자놀이에 박으매 말뚝이 꿰뚫고 땅에 박
히니 그가 기절하여 죽으니라

말씀 돋보기(관찰)

1 이스라엘 자손이 여호와 앞에 죄를 범하자 하나님은 그들을 누구에게 넘기셨고, 그는 어떤 사람인가?(삿 4:2–3)

Tip 분노하신 하나님은 갈릴리 북쪽 성읍 중 으뜸(cf. 수 11:10)인 하솔을 다스리는 가나안 왕 야빈의 손에 이스라엘을 넘기셨다(2절). 그는 철병거 900대를 가진 자였으며, 20년 동안 이스라엘을 심하게 억압했다. 고대 사회에서 철 병거는 적의 진이나 방어벽을 무너뜨리는 등 최전선에서 공격 무기로 사용된 것이 아니라 주로 도망하는 적들을 쫓아가 죽이는 일에 사용되었다고 한다.

2 하나님은 이스라엘의 부르짖음에 한 구원자를 세우시는데 그는 누구이며, 어떤 선지자에 의해 세움을 받는가?(삿 4:4-7)

Tip 하나님은 이스라엘의 구원자로 바락을 부르셨다(6절). 여선지자 드보라가 바락을 하나님이 세우신 구원자로 지명했을 때 그녀는 이미 이스라엘에서 사사로 활동하고 있었다(4-5절).

드보라는 랍비돗의 아내로 그 이름은 횃불의 아내라는 의미이며, 불 같은 여자, 불을 밝히는 여자라는 의미를 갖고 있다. 그녀는 여선지자로 이스라엘의 사사로 활동했으며, 드보라의 종려나무 아래에서 이스라엘 자손에게 판결을 해주었다. 특히 그녀의 사역은 이스라엘을 원수의 손에서 해방시킨 구원자가 아니라 재판관 역할을 하는 사사였다.

바락은 납달리 지파 땅 게데스에 거주하던 아비노암의 아들이다.

3 하나님 명령에 바락의 반응은 무엇이었는가?(삿 4:8)

Tip 바락은 드보라를 통해 하나님의 승리를 보장하는 신탁을 받은 명령에 그대로 순종하는 것이 아니라 여선지자를 전쟁에 끌어들인다. "그대가 나와 함께 가면 나도 가겠지만, 그대가 나와 함께 가지 않으면 나도 가지 않겠소." 바락의 반응은 그가 겁쟁이라는 것을 암시하거나 그녀의 인지도를 이용해 군대를 일으키려는 목적을 뜻할 수 있다.

4 드보라와 바락은 어떻게 전쟁에서 승리하는가?(삿 4:14-15)

Tip 드보라의 출전 명령에 바락이 이번에는 아무 반론이나 조건 없이 순종한다. 바락이 1만명의 군대를 이끌고 시스라를 치자, 시스라의 군대는 훨씬 좋은 무기를 가지고 있었음에도 불구하고 바락이 지휘하던 이스라엘 군대에게 완전히 패했다. 이스라엘이 승리할 수 있었던 것은 하나님이 시스라의 병거와 군대를 바락 앞에서 혼란에 빠뜨렸기 때문이다. 전쟁의 승패가 무기에 달려 있지 않고 여호와께 속했음을 보여주는 대목이다. 바로 이곳에서 보여주는 것처럼 이스라엘 성전 전승에서 가장 중요한 요소 중 하나가 하나님의 개입으로 적들이 혼란과 두려움에 휩싸인다는 것이다.

5 전쟁에서 패배한 시스라는 어떻게 도망쳤으며, 그의 최후는 어떠했는가?(삿 4:15, 17-21)

Tip 하나님의 능력을 본 시스라가 얼마나 절박했던지 타고 싸우던 병거에서 뛰어내려 도망쳤다(15절). 병거를 버리고 도망한 시스라는 겐 사람 헤벨의 아내 야엘의 장막으로 뛰어들었다(17절). 시스라가 헤벨의 집안에 몸을 맡긴 것은 그의 상관 하솔 왕 야빈과 헤벨이 동맹을 맺고 있었기 때문이다. 야엘은 자신의 장막을 찾은 시스라를 반갑게 맞아들여 마실 것을 주고 안심시킨 후 그가 잠이 들자 머리에 말뚝을 박아 죽인다. 드보라가 선언한 '여인이 영광을 차지할 것'이라는 예언이 이루어지는 순간이다. 그러므로 바락은 전쟁에서 가장 큰 영광인 적장을 죽이는 일을 여인에게 빼앗기고 만다. 이스라엘 리더십의 부재에 드보라와 야엘 같은 여성의 활약을 보여준다.

삶의 내비게이션(적용)

1 이스라엘 성전 전승의 가장 중요한 요소는 적이 혼란과 두려움에 휩싸이는 것이다. 당신은 영적 혼란과 두려움이 있었을 때 어떻게 극복했는가?

관찰문제 1번, 4번 참고.

2 오늘 본문에서는 여성이 전쟁에 참여하고 적장을 죽이는데, 우리 사회에서 하나님이 사용하셔서 남자의 성역에서 당당히 활약하는 여성의 모습에는 무엇이 있는가?

관찰문제 5번 참고.

3 이스라엘은 계속해서 죄를 범하여 고통을 당한다. 이스라엘은 몰라서 죄를 짓는 것이 아니라 알면서도 짓는다. 당신이 알면서도 잘못 행한 것, 혹은 몰라서 그렇게 한 일에는 무엇이 있는가?

관찰문제 1번 참고.

생활의 아로마(실천)

제4주 Mr. 보리떡

사사기 7:1–18

복습

1 드보라와 바락은 어떻게 전쟁에서 승리하게 되는가?(삿 4:14–15)

……………………………………………………………………………

……………………………………………………………………………

사사기 7:1–18

7:1 여룹바알이라 하는 기드온과 그를 따르는 모든 백성이 일찍이 일어나 하롯 샘 곁
에 진을 쳤고 미디안의 진영은 그들의 북쪽이요 모레 산 앞 골짜기에 있었더라 2 여호
와께서 기드온에게 이르시되 너를 따르는 백성이 너무 많은즉 내가 그들의 손에 미디
안 사람을 넘겨 주지 아니하리니 이는 이스라엘이 나를 거슬러 스스로 자랑하기를 내
손이 나를 구원하였다 할까 함이니라 3 이제 너는 백성의 귀에 외쳐 이르기를 누구든
지 두려워 떠는 자는 길르앗 산을 떠나 돌아가라 하라 하시니 이에 돌아간 백성이 이
만 이천 명이요 남은 자가 만 명이었더라 4 여호와께서 또 기드온에게 이르시되 백성
이 아직도 많으니 그들을 인도하여 물 가로 내려가라 거기서 내가 너를 위하여 그들을
시험하리라 내가 누구를 가리켜 네게 이르기를 이 사람이 너와 함께 가리라 하면 그는
너와 함께 갈 것이요 내가 누구를 가리켜 네게 이르기를 이 사람은 너와 함께 가지 말
것이니라 하면 그는 가지 말 것이니라 하신지라 5 이에 백성을 인도하여 물 가에 내려
가매 여호와께서 기드온에게 이르시되 누구든지 개가 핥는 것 같이 혀로 물을 핥는 자
들을 너는 따로 세우고 또 누구든지 무릎을 꿇고 마시는 자들도 그와 같이 하라 하시

더니 6 손으로 움켜 입에 대고 핥는 자의 수는 삼백 명이요 그 외의 백성은 다 무릎을 꿇고 물을 마신지라 7 여호와께서 기드온에게 이르시되 내가 이 물을 핥아 먹은 삼백 명으로 너희를 구원하며 미디안을 네 손에 넘겨 주리니 남은 백성은 각각 자기의 처소로 돌아갈 것이니라 하시니 8 이에 백성이 양식과 나팔을 손에 든지라 기드온이 이스라엘 모든 백성을 각각 그의 장막으로 돌려보내고 그 삼백 명은 머물게 하니라 미디안 진영은 그 아래 골짜기 가운데에 있었더라 9 그 밤에 여호와께서 기드온에게 이르시되 일어나 진영으로 내려가라 내가 그것을 네 손에 넘겨 주었느니라 10 만일 네가 내려가기를 두려워하거든 네 부하 부라와 함께 그 진영으로 내려가서 11 그들이 하는 말을 들으라 그 후에 네 손이 강하여져서 그 진영으로 내려가리라 하시니 기드온이 이에 그의 부하 부라와 함께 군대가 있는 진영 근처로 내려간즉 12 미디안과 아말렉과 동방의 모든 사람들이 골짜기에 누웠는데 메뚜기의 많은 수와 같고 그들의 낙타의 수가 많아 해변의 모래가 많음 같은지라 13 기드온이 그 곳에 이른즉 어떤 사람이 그의 친구에게 꿈을 말하여 이르기를 보라 내가 한 꿈을 꾸었는데 꿈에 보리떡 한 덩어리가 미디안 진영으로 굴러 들어와 한 장막에 이르러 그것을 쳐서 무너뜨려 위쪽으로 엎으니 그 장막이 쓰러지더라 14 그의 친구가 대답하여 이르되 이는 다른 것이 아니라 이스라엘 사람 요아스의 아들 기드온의 칼이라 하나님이 미디안과 그 모든 진영을 그의 손에 넘겨 주셨느니라 하더라 15 기드온이 그 꿈과 해몽하는 말을 듣고 경배하며 이스라엘 진영으로 돌아와 이르되 일어나라 여호와께서 미디안과 그 모든 진영을 너희 손에 넘겨 주셨느니라 하고 16 삼백 명을 세 대로 나누어 각 손에 나팔과 빈 항아리를 들리고 항아리 안에는 횃불을 감추게 하고 17 그들에게 이르되 너희는 나만 보고 내가 하는 대로 하되 내가 그 진영 근처에 이르러서 내가 하는 대로 너희도 그리하여 18 나와 나를 따르는 자가 다 나팔을 불거든 너희도 모든 진영 주위에서 나팔을 불며 이르기를 여호와를 위하라, 기드온을 위하라 하라 하니라

말씀 돋보기(관찰)

1 하나님이 하롯 샘 곁에 진을 친 기드온 군대의 수를 줄인 이유는 무엇인가?(삿 7:2)

Tip 하나님이 군인의 수를 줄인 이유는 혹시 교만하여 자신의 능력으로 승리한 것처럼 우쭐댈 것을 염려해서이다(2절). 주의 백성은 하나님의 능력을 입어 사역하기에 모든 영광을 하나님께만 돌려야 한다. 하나님은 결코 자신의 영광을 사람과 나누는 분이 아니시다.

2 하나님이 군대를 축소하는 두 단계는 무엇인가?(삿 7:3-7)

Tip 첫 번째 단계에서 기드온이 거느리고 있는 3만 2,000명 중에 두려워서 떠는 자들을 모두 집으로 돌려보내라고 하신다. 기드온이 하나님 명령에 따라 적을 두려워하는 자들을 돌려보내니 2만 2,000명이 돌아가고 1만 명이 남았다. 율법책에 기록되어 있는 군대에 대한 규례를 보면, 전쟁을 위해 모인 사람 중 두려워하는 사람은 전쟁에 참여시키지 말고 집으로 돌려보내라고 한다(신 20:8). 두 번째 단계는 남은 1만 명을 물가로 데려가서 물을 먹게 하고 그들이 물을 먹는 모습을 통해 집으로 보낼 자와 남아서 전쟁할 자를 구분했다. 물을 먹을 때 손으로 물을 움켜 입에 대고 개처럼 핥는 자 300명은 남기고, 무릎을 꿇고 마신 나머지 사람들은 돌려보냈다. 히브리어에서는 두 자세를 정확하게 구분하고 있지 않다. 그러므로 이 부분은 군인의 물 먹는 자세의 차이가 초점이 아니라 300명에 중점을 두고 있다. 하나님은 두 차례의 병력 감축을 통해 기드온 군대를 300명으로 축소하셨다.

3 기드온의 불안을 해결하기 위해 하나님이 명령하신 것은 무엇이며, 그곳에서 기드온이 들은 적의 대화는 무엇인가?(삿 7:9-14)

Tip 기드온은 하나님 명령에 따라 무려 군대의 99%를 돌려보냈다. 믿음이 없고 이스라엘 하나님이 어떤 분이신지 잘 모르는 그가 마음이 편했을 리가 없다(10절). 이런 사실을 잘 알고 계시는 하나님이 그의 불신과 불안감을 단번에 날려 보내기 위해 기드온에게 적진으로 정탐을 다녀오라고 하셨다. 하나님은 미디안 사람들에게 이미 자신이 이스라엘을 위해 기적 중의 기적을 행하실 것을 보여주셨다(13절). 두 미디안 군사가 대화를 하는데 한 군인이 보리떡 한 덩어리가 미디안 진으로 굴러 들어와 진을 쑥대밭으로 만든 꿈을 꾸었다고 한다. 이 이야기를 듣던 병사는 서슴지 않고 미디안 진영을 쑥대밭으로 만든 보리떡은 다름 아닌 기드온이라고 풀이한다. 미디안 사람들이 주고받는 말은 이미 하나님이 두 차례나 기드온에게 하신 말씀과 동일하다(6:16, 36). 보리떡은 이스라엘 농부를 상징한다.

4 기드온 군대의 전쟁 도구는 무엇인가?(삿 7:16)

....

....

Tip 정탐에서 돌아온 기드온은 300명을 세 부대로 나누고 각 사람에게 나팔과 빈 항아리를 주었다. 각자 빈 항아리 안에 횃불을 감추어 왼손에 들게 하고 오른손에는 나팔을 들게 했다. 군사들은 신호에 따라 항아리를 부수고 숨겨 두었던 횃불을 치켜들고 나팔을 불며 "여호와를 위하라! 기드온을 위하라!"라고 소리치라는 명령을 받았다(18절; cf. 20절). 도저히 1 대 450으로 적군을 대항해서 싸우는 소수 정예군의 그럴듯한 전략이라고 생각되지 않는다. 진정한 전쟁 무기는 없었다. 기드온의 전술은 여호수아가 여리고 성을 정복할 때 사용했던 방법처럼 황당하게만 느껴진다. 나팔을 불고 목청껏 외치는 소리 역시 여리고 성 전투를 연상케 한다. 항아리를 부수는 것은 일종의 예식이며, 기드온이 전쟁에서 승리한 것이 기적임을 강조한다.

* 횃불: 이스라엘의 영적 어두움을 밝혀주는 하나님의 구원의 빛을 상징

5 이 과정에서 표출된 기드온의 야심은 무엇인가?(삿 7:18)

Tip

기드온과 이스라엘은 '여호와를 위해서'만 싸우지 않는다. 그들은 '기드온을 위해서'도 싸운다. 본문에서와 같이 전쟁에서 '[신의 이름]을 위해, [사람 이름]을 위해'라는 문구를 사용할 때는 항상 '사람의 이름'에 왕의 이름이 투입된다. 이 문구는 가나안 사람이 흔히 듣던 일반화된 문구일 가능성이 매우 크다. 기드온은 자신을 왕의 위치에 놓고 있다. 그래서 전쟁이 끝난 다음에 사람들이 그에게 왕이 될 것을 권했던 것이다(8:22). 자신을 왕으로 부상시키고 이날의 영광을 하나님과 나누려 하는 기드온의 영성이 상당히 의심스럽다. 하나님이 이스라엘을 구원할 사람을 찾으셨을 때, 순종은커녕 불신으로 가득한 도저히 자격이 없어 보이는 기드온이 선발되었다. 기드온 이야기는 그의 영적 어두움이 얼마나 심각한지 보여준다.

삶의 내비게이션(적용)

1 하나님은 적진에서 적의 대화를 통해 기드온의 두려움을 해결하도록 하신다. 당신이 하나님 말씀보다 사람의 말을 듣고 크게 낙심하거나 위로를 받은 경험은 무엇인가?

관찰문제 3번 참고.

2 기드온은 하나님께 온전히 돌려야 하는 영광을 탐했다. 당신이 하나님께 온전히 영광을 드렸거나 혹은 기드온과 같은 경험이 있다면 무엇인가?

관찰문제 4번, 5번 참고.

3 하나님은 두 차례에 걸쳐 군사를 감축하신다. 당신의 삶에서 하나님의 영광을 위해 줄여야 되는 것은 무엇인가?

관찰문제 2번 참고.

생활의 아로마(실천)

제5주 말 따로, 행동 따로

사사기 8:22-32

복습

1 하나님이 하롯 샘 곁에 진을 친 기드온 군대의 수를 줄인 이유는 무엇인가?(삿 7:2)

....

....

....

사사기 8:22-32

8:22 그 때에 이스라엘 사람들이 기드온에게 이르되 당신이 우리를 미디안의 손에서
구원하셨으니 당신과 당신의 아들과 당신의 손자가 우리를 다스리소서 하는지라 23
기드온이 그들에게 이르되 내가 너희를 다스리지 아니하겠고 나의 아들도 너희를 다
스리지 아니할 것이요 여호와께서 너희를 다스리시리라 하니라 24 기드온이 또 그들
에게 이르되 내가 너희에게 요청할 일이 있으니 너희는 각기 탈취한 귀고리를 내게 줄
지니라 하였으니 이는 그들이 이스마엘 사람들이므로 금 귀고리가 있었음이라 25 무
리가 대답하되 우리가 즐거이 드리리이다 하고 겉옷을 펴고 각기 탈취한 귀고리를 그
가운데에 던지니 26 기드온이 요청한 금 귀고리의 무게가 금 천칠백 세겔이요 그 외
에 또 초승달 장식들과 패물과 미디안 왕들이 입었던 자색 의복과 또 그 외에 그들의
낙타 목에 둘렀던 사슬이 있었더라 27 기드온이 그 금으로 에봇 하나를 만들어 자기
의 성읍 오브라에 두었더니 온 이스라엘이 그것을 음란하게 위하므로 그것이 기드온

과 그의 집에 올무가 되니라 [28] 미디안이 이스라엘 자손 앞에 복종하여 다시는 그 머
리를 들지 못하였으므로 기드온이 사는 사십 년 동안 그 땅이 평온하였더라 [29] 요아스
의 아들 여룹바알이 돌아가서 자기 집에 거주하였는데 [30] 기드온이 아내가 많으므로
그의 몸에서 낳은 아들이 칠십 명이었고 [31] 세겜에 있는 그의 첩도 아들을 낳았으므로
그 이름을 아비멜렉이라 하였더라 [32] 요아스의 아들 기드온이 나이가 많아 죽으매 아
비에셀 사람의 오브라에 있는 그의 아버지 요아스의 묘실에 장사되었더라

말씀 돋보기(관찰)

1 기드온은 왕이 되어 달라는 백성의 요청에 어떻게 반응하는가?(삿 8:22–23)

....

Tip 흥분한 사람들이 기드온을 통치자로 추대했다. 이들은 의도적으로 '왕'과 '[왕이] 통치하다'라는 단어를 피하고 있다. 그러나 그들이 사용하는 "다스리다"는 흔히 주권을 가지고 군림하는 것을 뜻하며 왕과 하나님께 사용되는 단어이다. 즉 왕이라는 말을 사용하지 않으면서 기드온에게 왕권을 제시하고 있다. 기드온은 백성의 요구에 "나는 여러분을 다스리지 않을 것입니다. 나의 아들도 여러분을 다스리지 않을 것입니다. 오직 주님께서 여러분을 다스리실 것입니다(새번역)"라고 대답해 왕이 되는 것을 거부한다. 그러나 기드온은 이 순간에도 하나님께 모든 영광을 돌리는데 실패하고 있다. 백성이 왕이 되어 달라고 하는 것은 기드온이 미디안과 전쟁을 승리로 이끌었다고 생각해서이다. 그러므로 기드온은 "오직 주님께서 여러분을 다스리실 것입니다"에 "여호와께서 우리에게 승리를 주셨기 때문입니다"라는 말을 덧붙여야 한다.

2 지도자가 되기를 거부한 기드온이 백성에게 요구한 것은 무엇인가?(삿 8:24)

Tip 기드온은 백성에게 전쟁 전리품 중 미디안 사람들의 금귀고리를 달라고 했다. 그리고 미디안 군은 이스마엘 사람들이므로 모두 금귀고리를 하고 있었다는 말을 추가한다.

3 기드온이 전쟁 후 백성으로부터 취한 것은 무엇인가?(삿 8:24–26)

Tip 백성에게 선물을 요구하는 것은 곧 순종을 요구하는 행위이다. 모든 백성이 요구를 따름으로 충성을 맹세한다. 또한 기드온이 받은 금의 양은 금 1,700세겔은 20킬로그램(kg)에 달했고, 왕의 금고에나 적합한 양이다. 그는 미디안 왕들이 신분을 나타내기 위해 자신들이 타던 낙타 목에 걸었던 초승달 모양의 장식 외에도, 미디안 왕들이 입었던 자주색 옷과 낙타 목에 둘렀던 사슬도 가졌다. 공식적인 직함만 왕이 아니지 왕의 자세를 취해 왕처럼 행동하고 있다.

4 기드온이 백성에게 받은 금귀고리로 무엇을 만들었으며, 그것이 기드온과 집안에 올가미가 된 이유는 무엇인가?(삿 8:27)

Tip 기드온은 모은 금으로 에봇을 만들었다(27절). 에봇은 제사장이 입는 옷이다(출 28:15–30). 그런데 이스라엘이 에봇을 음란하게 섬겨서 기드온과 집안에 올가미가 되었다(27절). 기드온이 백성에게 금을 달라고 해서 만든 물건이 온 이스라엘에게 올무가 된 것은, 광야에서 아론이 백성에게 금을 달라고 해서 금송아지를 만들어 백성을 실족하게 한 행위와 매우 흡사하다. 아론의 리더십처럼 기드온의 리더십도 우상 숭배를 낳았다. 또한 사사기 안에서 에봇은 우상 숭배에 사용하는 물건이었다. 그리고 이스라엘이 에봇을 음란하게 섬겼다는 것과 에봇이 올무가 되었다는 것은 노골적인 우상 숭배에 대한 비난이다.

5 기드온의 남은 생애를 묘사하면서 내린 다섯 가지 부정적 평가는 무엇인가?(삿 8:29–32)

....

....

....

....

....

Tip 첫째, 전쟁이 있은 후 40년 동안 이스라엘에 평안이 있었는데 이 기간에 자기 집에 거주했다(29절). 히브리어는 '거주하다'와 '(왕이 보좌에) 앉다'를 같은 동사로 표현한다. 기드온이 집에 거주했다는 말은 '왕으로 행세했다'로 풀이할 수 있다.

둘째, 기드온은 많은 아내를 두었고, 이 아내들로부터 얻은 아들이 70명이 되었다(30절). 이스라엘 왕이 해서는 안 되는 일 중 하나가 많은 아내를 두는 것이다(cf. 신 17:14–20). 그의 아들이 70명이었다고 하는데 70명은 이상적이거나 완전한 왕족 집안을 의미한다.

셋째, 세겜에 있는 첩과의 사이에 아들을 두었다(31절). 기드온은 가나안 사람을 첩으로 맞아들인 것이다. 모세는 이스라엘 사람이 가나안 사람과 결혼해서는 안 된다고 했다(출 34:15–16; 신 7:3–4).

넷째, 가나안 첩과의 사이에서 태어난 아이를 아비멜렉이라고 이름했다(31절). 이 이름을 문자적으로 풀이하면 '나의 아버지는 왕이다'가 된다. 기드온의 야심을 드러내는 이름이다.

다섯째, 기드온은 죽어서 왕족의 묘에 묻혔다(32절). 32절 표현은 왕의 죽음을 묘사하는데 적합하다. 마치 아버지 요아스가 왕조를 시작한 것처럼 묘사되고 있다. 기드온은 왕이라는 타이틀은 거부했지만 왕처럼 살다가 묻혔다.

삶의 내비게이션(적용)

1 기드온은 말과 행동이 다른 전형적인 사람이다. 당신은 말은 하는데 행동이 안 된 경험에는 무엇이 있는가?

관찰문제 1번 참고.

2 왕의 자리를 거부하면서 왕처럼 살다가 묻힌 기드온처럼, 당신은 의무는 행하지 않고 특권만 누리려고 하지 않는가?

관찰문제 5번 참고.

3 주의 백성들 삶에 긍정적인 일이 일어난다면 그것은 노력해서 얻은 결과라기보다 하나님이 일방적으로 내려주시는 은혜이다. 되돌아보면 나의 공로가 아니라 하나님이 일방적으로 내려주신 은혜였던 것은 무엇이 있는가?

4 현재 내 위치에서 추진하거나 계획하는 일 가운데 하나님의 비전이라고 착각하고 있는 개인적인 야심에는 무엇이 있는가?

생활의 아로마(실천)

제6주 욕망의 대가

사사기 9:1-21

복습

1 기드온의 남은 생애를 묘사하면서 내린 다섯 가지 부정적 평가는 무엇인가?(삿 8:29-32)

....

....

....

....

....

사사기 9:1-21

9:1 여룹바알의 아들 아비멜렉이 세겜에 가서 그의 어머니의 형제에게 이르러 그들과
그의 외조부의 집의 온 가족에게 말하여 이르되 2 청하노니 너희는 세겜의 모든 사람
들의 귀에 말하라 여룹바알의 아들 칠십 명이 다 너희를 다스림과 한 사람이 너희를
다스림이 어느 것이 너희에게 나으냐 또 나는 너희와 골육임을 기억하라 하니 3 그의
어머니의 형제들이 그를 위하여 이 모든 말을 세겜의 모든 사람들의 귀에 말하매 그들
의 마음이 아비멜렉에게로 기울어서 이르기를 그는 우리 형제라 하고 4 바알브릿 신
전에서 은 칠십 개를 내어 그에게 주매 아비멜렉이 그것으로 방탕하고 경박한 사람들
을 사서 자기를 따르게 하고 5 오브라에 있는 그의 아버지의 집으로 가서 여룹바알의
아들 곧 자기 형제 칠십 명을 한 바위 위에서 죽였으되 다만 여룹바알의 막내 아들 요

담은 스스로 숨었으므로 남으니라 [6] 세겜의 모든 사람과 밀로 모든 족속이 모여서 세
겜에 있는 상수리나무 기둥 곁에서 아비멜렉을 왕으로 삼으니라 [7] 사람들이 요담에게
그 일을 알리매 요담이 그리심 산 꼭대기로 가서 서서 그의 목소리를 높여 그들에게
외쳐 이르되 세겜 사람들아 내 말을 들으라 그리하여야 하나님이 너희의 말을 들으시
리라 [8] 하루는 나무들이 나가서 기름을 부어 자신들 위에 왕으로 삼으려 하여 감람나
무에게 이르되 너는 우리 위에 왕이 되라 하매 [9] 감람나무가 그들에게 이르되 내게 있
는 나의 기름은 하나님과 사람을 영화롭게 하나니 내가 어찌 그것을 버리고 가서 나무
들 위에 우쭐대리요 한지라 [10] 나무들이 또 무화과나무에게 이르되 너는 와서 우리 위
에 왕이 되라 하매 [11] 무화과나무가 그들에게 이르되 나의 단 것과 나의 아름다운 열
매를 내가 어찌 버리고 가서 나무들 위에 우쭐대리요 한지라 [12] 나무들이 또 포도나무
에게 이르되 너는 와서 우리 위에 왕이 되라 하매 [13] 포도나무가 그들에게 이르되 하
나님과 사람을 기쁘게 하는 내 포도주를 내가 어찌 버리고 가서 나무들 위에 우쭐대리
요 한지라 [14] 이에 모든 나무가 가시나무에게 이르되 너는 와서 우리 위에 왕이 되라
하매 [15] 가시나무가 나무들에게 이르되 만일 너희가 참으로 내게 기름을 부어 너희 위
에 왕으로 삼겠거든 와서 내 그늘에 피하라 그리하지 아니하면 불이 가시나무에서 나
와서 레바논의 백향목을 사를 것이니라 하였느니라 [16] 이제 너희가 아비멜렉을 세워
왕으로 삼았으니 너희가 행한 것이 과연 진실하고 의로우냐 이것이 여룹바알과 그의
집을 선대함이냐 이것이 그의 손이 행한 대로 그에게 보답함이냐 [17] 우리 아버지가 전
에 죽음을 무릅쓰고 너희를 위하여 싸워 미디안의 손에서 너희를 건져냈거늘 [18] 너희
가 오늘 일어나 우리 아버지의 집을 쳐서 그의 아들 칠십 명을 한 바위 위에서 죽이고
그의 여종의 아들 아비멜렉이 너희 형제가 된다고 그를 세워 세겜 사람들 위에 왕으로
삼았도다 [19] 만일 너희가 오늘 여룹바알과 그의 집을 대접한 것이 진실하고 의로운 일
이면 너희가 아비멜렉으로 말미암아 기뻐할 것이요 아비멜렉도 너희로 말미암아 기뻐
하려니와 [20] 그렇지 아니하면 아비멜렉에게서 불이 나와서 세겜 사람들과 밀로의 집
을 사를 것이요 세겜 사람들과 밀로의 집에서도 불이 나와 아비멜렉을 사를 것이니라
하고 [21] 요담이 그의 형제 아비멜렉 앞에서 도망하여 피해서 브엘로 가서 거기에 거주
하니라

말씀 돋보기(관찰)

1 아비멜렉이 세겜 사람에게 여론 조사를 통해 얻고자 한 것은 무엇인가?(삿 9:2-3)

....

....

Tip 아비멜렉은 어머니의 고향인 세겜으로 가서 어머니의 형제들을 포함한 모든 외가 친척에게 지역 주민을 상대로 일종의 여론 조사를 해달라고 부탁했다(1절). 아비멜렉은 객관적인 여론 조사를 요구하는 것 같지만, 그들과 피를 나눈 바로 자신이 70명에 대한 대안인 '한 사람'임을 부각해 그들의 동요를 얻는 것이었다. 예나 지금이나 혈연과 지연을 교묘하게 이용하는 정치적 술수인 것이다.

2 세겜 사람의 동요에 힘입은 아비멜렉이 행한 일은 무엇인가?(삿 9:4-6)

....

....

....

Tip 세겜 사람이 '한 형제'라는 호소에 동요되었을 뿐만 아니라(3절), 우상의 신전에서 나온 은 70세겔(≒800g)의 정치 자금을 마련해 주었다(4절). 아비멜렉은 세겜 사람이 마련해준 돈으로 "방탕하고 경박한 사람들"을 고용했다. 그는 이들을 데리고 어머니의 고향 세겜에서 50km 떨어진 아버지의 고향 오브라로 가서 형제 70명을 살해했다(5절). 이 말은 전혀 위험을 알아차리지 못하고 방심한 사람들을 덮쳐서 순식간에 죽인 것이 아니라, 체계적이고 조직적인 작전을 통해 모두 잡아다가 충분한 시간이 지난 후에 같은 바위에서 한 사람 한 사람씩 차례대로 죽였다는 뜻이다. 아비멜렉의 잔인함이 극대화되고 있다. 아비멜렉은 외가와 친가를 철저하게 구분해 외가 친척은 왕이 되는 수단으로 사용하고 친가 쪽은 모두 죽였다. 왕이 되겠다는 영감은 아버지에게 받았지만, 아버지의 아들들을 모두 죽이는 일을 통해 아버지에 대한 미움과 분노를 드러내고 있다.

3 아비멜렉 사건은 종교적 부패를 암시하고 있는데 그 세 가지는 무엇인가?(삿 9:4-6)

....

....

....

Tip 첫째, 아비멜렉이 정치 자금으로 사용하는 돈은 다름 아닌 "바알브릿 신전"이라는 우상의 신전에서 흘러나왔다(4절).

둘째, 세겜 사람이 아비멜렉을 왕으로 세운 곳이 "상수리나무 기둥 곁"(6절)인데 가나안에서 성행했던 바알 종교의 기둥은 흔히 바알을 상징하는 물건이었다.

셋째, 본문에서 기드온의 다른 이름인 여룹바알(5절)이 지속적으로 사용되고 있다. 아비멜렉 이야기를 묘사하면서 기드온의 이교적인 이름을 계속 사용하는 것은 하나님에 대한 기드온의 배교적 행위가 아비멜렉의 방종에 상당한 영향을 끼쳤음을 시사한다.

4 요담의 비유에 등장하는 나무는 어떤 특징이 있는가?(삿 9:9-15)

....

....

....

....

Tip 요담의 비유에서 감람나무, 무화과나무와 포도나무는 고대 가나안 사람이 가장 소중하게 여겼던 과실나무들이었다. 이들은 나무들의 왕이 될 충분한 자격을 갖추고 있었다. 반면에 가시나무는 인간과 하나님에게 이렇다 할 이익을 끼치지 못할 뿐만 아니라 오히려 해를 끼치는 나무이다. 아비멜렉이 바로 가시나무와 같다는 것이다. 실제로 왕이 되어 이스라엘을 이끌만한 사람은 모두 자부심을 가지고 자신의 일에 몰두하고 있는데 가장 자격 없고 포악한 아비멜렉만이 왕권에 야심을 품어 음모를 꾀했고, 세겜 사람이 그의 음모에 동조한 것이다.

5 요담의 말에 의하면 아비멜렉과 세겜 사람의 조건적 저주는 무엇인가?(삿 9:19-20)

Tip 요담은 자신의 분수를 모르고 날뛰는 아비멜렉이 왕이 된 것도 문제지만, 그런 아비멜렉을 추대한 세겜 사람의 행위는 더 큰 문제라고 주장한다. 성경에 의하면 은혜를 배신으로 갚는 것은 인간이 할 수 있는 가장 저질적인 행동에 속한다. 요담은 이런 사실에 근거해 신적인 심판을 청한다. 만일 아비멜렉과 세겜 사람이 공모하여 한 일이 의로운 일이라면 그들이 평안할 것이요, 불의한 일이라면 그들 사이에 내분이 생겨 서로 대적하게 될 것이라고 선언한다(19-20절). 비록 요담이 하나님의 이름을 직접 언급하고 있지는 않지만 이 세상은 선을 선호하고 악을 배척하는 창조주의 질서에 따라 운영되고 있음을 전제하는 확신에 찬 선언이었다.

삶의 내비게이션(적용)

1 아비멜렉이 혈연과 지연을 이용해 왕이 된 것처럼, 당신이 무언가를 위해 혈연이나 지연을 이용하거나 이용당한 경험이 있는가?

관찰문제 1번 참고.

2 요담의 비유에 등장하는 나무처럼 우리 모두에게는 과실나무의 성향과 가시나무의 성향을 모두 가지고 있다. 어느 때 그런 성향이 드러나는가?

관찰문제 4번 참고.

3 요담의 조건적 심판에 의하면 의로운 일이면 평안이, 불의한 일이면 내분으로 서로 대적할 것이라고 한다. 심은 대로 거둔다는 의미이다. 당신이 현재는 드러나지 않는 평안이지만 믿고 확신하며 행하는 의로운 일은 무엇인가? 만일 없다면 무엇이 되어야 하는가?

관찰문제 5번 참고.

생활의 아로마(실천)

제7주 빗나간 서원

사사기 11:29-40

복습

1 세겜 사람의 동요에 힘입은 아비멜렉이 행한 일은 무엇인가?(삿 9:4-6)

....

....

....

....

2 요담에 말에 의하면 아비멜렉과 세겜 사람의 조건적 저주는 무엇인가?(삿 9:19-20)

....

....

사사기 11:29-40

11:29 이에 여호와의 영이 입다에게 임하시니 입다가 길르앗과 므낫세를 지나서 길르앗
의 미스베에 이르고 길르앗의 미스베에서부터 암몬 자손에게로 나아갈 때에 30 그가
여호와께 서원하여 이르되 주께서 과연 암몬 자손을 내 손에 넘겨 주시면 31 내가 암
몬 자손에게서 평안히 돌아올 때에 누구든지 내 집 문에서 나와서 나를 영접하는 그는
여호와께 돌릴 것이니 내가 그를 번제물로 드리겠나이다 하니라 32 이에 입다가 암몬

자손에게 이르러 그들과 싸우더니 여호와께서 그들을 그의 손에 넘겨 주시매 33 아로
엘에서부터 민닛에 이르기까지 이십 성읍을 치고 또 아벨 그라밈까지 매우 크게 무찌
르니 이에 암몬 자손이 이스라엘 자손 앞에 항복하였더라 34 입다가 미스바에 있는 자
기 집에 이를 때에 보라 그의 딸이 소고를 잡고 춤추며 나와서 영접하니 이는 그의 무
남독녀라 35 입다가 이를 보고 자기 옷을 찢으며 이르되 어찌할꼬 내 딸이여 너는 나
를 참담하게 하는 자요 너는 나를 괴롭게 하는 자 중의 하나로다 내가 여호와를 향하
여 입을 열었으니 능히 돌이키지 못하리로다 하니 36 딸이 그에게 이르되 나의 아버지
여 아버지께서 여호와를 향하여 입을 여셨으니 아버지의 입에서 낸 말씀대로 내게 행
하소서 이는 여호와께서 아버지를 위하여 아버지의 대적 암몬 자손에게 원수를 갚으
셨음이니이다 하니라 37 또 그의 아버지에게 이르되 이 일만 내게 허락하사 나를 두
달만 버려 두소서 내가 내 여자 친구들과 산에 가서 나의 처녀로 죽음을 인하여 애곡
하겠나이다 하니 38 그가 이르되 가라 하고 두 달을 기한하고 그를 보내니 그가 그 여
자 친구들과 가서 산 위에서 처녀로 죽음을 인하여 애곡하고 39 두 달 만에 그의 아버
지에게로 돌아온지라 그는 자기가 서원한 대로 딸에게 행하니 딸이 남자를 알지 못하
였더라 이것이 이스라엘에 관습이 되어 40 이스라엘의 딸들이 해마다 가서 길르앗 사
람 입다의 딸을 위하여 나흘씩 애곡하더라

10장: 사사 돌라, 야일 이야기, 암몬 족의 위협과 입다

말씀 돋보기(관찰)

1 입다에게 하나님의 영이 임했다는 것은 어떤 의미이며, 하나님의 영이 임하자 입다가 행한 것은 무엇인가?(삿 11:29)

....

....

Tip 하나님의 영이 임한다고 해서 모든 것이 잘된다는 것을 뜻하는 것은 아니며, 영을 받은 사람의 영성이 더 좋아지는 것을 보장하는 것도 아니다.

다만 영을 받은 사람에게 하나님이 권한을 주는 것뿐이다. 입다의 경우 주의 백성을 위해 전쟁을 하는 권한을 주셨음을 의미한다. 하나님의 영을 받은 입다는 길르앗, 므낫세, 미스바 등을 분주히 돌았다. 암몬 사람을 대적할 만한 병력을 동원하기 위해서였다. 이스라엘 사람이 그의 부름에 어떻게 반응했는지는 알 수 없다. 그러나 그가 암몬 사람이 있는 곳으로 돌아갈 때쯤에는 충분한 군사가 동원되었을 것이다. 그것은 하나님의 영이 도왔기 때문이다. 그의 활발하고 민첩한 움직임은 그에게 임한 하나님의 영의 사역이다.

2 전쟁에 임하기 전에 입다가 서원한 것은 무엇이며, 서원의 잘못된 점은 무엇인가?(삿 11:31)

....

....

....

Tip 입다는 전쟁에 임하기 바로 전에 매우 어리석고 어이없는 서원을 했다. “하나님이 암몬 자손을 내 손에 넘겨 주신다면, 내가 암몬 자손을 이기고 무사히 돌아올 때에, 누구든지 내 집 문에서 먼저 나를 맞으러 나오는 그 사람은 주의 것이 될 것입니다. 내가 번제물로 그를 드리겠습니다”(새번역). 입다는 하나님께 번제물을 드리겠다고 하는데, 그 번제물은 짐승인지 사람인지 구분하기 어려운 히브리어로 ‘(대문에서) 나오는 것’으로 표현하고 있다. 그러나 고대 근동 전쟁에서 승리하고 돌아오는 사람을 환영할 때 짐승이 동원되지 않는 것으로 보아 입다의 서원은 인간 번제를 약속한 것으로 보인다. 율법은 인간 번제를 법으로 금하고 있다(레 18:21, 20:1–5; cf. 왕상 11:7; 왕하 23:10; 렘 32:35). 그런데 하나님께 쓰임을 받는 자가 율법에서 금하는 행위를 하고 있다.

* 입다의 가장 큰 문제: 신학적 문제 – 다른 이방신처럼 여호와께 사람을 번제로 드릴 생각을 한 것

* 입다의 가장 큰 실수: 하나님의 약속을 믿지 못했음 – 하나님과의 협상을 통해 안전과 승리를 보장받고자 한 것

〈맹세와 서원〉

	맹세	서원
정의	하나님의 이름을 사용하여 자신이 증언하는 것이 사실임을 선언하는 것	하나님께 드리는 약속
상호 관계	맹세는 서원처럼 취급될 수 없다.	서원은 맹세처럼 취급될 수 있다.
효력	한번 선언하면 돌이킬 수 없다.	잘못된 서원을 무효화할 수 있다.

3 입다가 암몬 자손에게 승리할 수 있었던 이유는 무엇인가?(삿 11:32)

....

....

Tip 입다는 아로엘에서 민닛까지 20성읍을 쳐부수고, 아벨 그라밈까지 크게 무찔렀다. 결국 암몬은 이스라엘에게 항복하고 말았다(33절). 비록 입다가 동분서주하면서 군대를 모아 치른 전쟁이지만, 이스라엘이 승리하게 된 이유를 분명히 밝힌다. 여호와께서 그들에게 승리를 주신 것이다. 모든 영광은 입다가 아닌 여호와께 가야 한다. 입다가 암몬 사람과 싸워 승리한 일은 불과 두 절에 정리되어 있다. 저자가 이곳에 입다 이야기를 기록한 이유는 그의 용맹이나 그가 어떻게 이스라엘을 구원했는가에 초점을 맞추고자 한 것이 아니라 오히려 그의 부도덕함, 불신, 잔인함 등에 초점을 맞추고 있다. 그의 영웅적인 삶을 부각하고자 그의 이야기를 회고한 것이 아니라 이렇게 부족하고 형편없는 사람을 들어 쓰신 하나님을 알리기 위해 입다 이야기를 기록하고 있는 것이다.

4 입다 서원의 희생제물은 누구이며, 서원된 자의 반응은 무엇인가?(삿 11:34-36)

....

....

Tip 입다가 전쟁에서 승리하고 미스바에 있는 집으로 돌아왔을 때, 그를 환영하기 위해 나온 첫 번째 사람은 다름 아닌 그의 무남독녀 외동딸이었다(34절). 그녀는 아버지를 반기기 위해 소고를 치며 춤추며 나왔다. 대문을 나서는 그녀를 보는 순간 입다의 표정이 굳었다. 입다의 딸은 아버지가 서원한 대로 하라고 한다. 평생 불량배로 살아왔던 아버지를 드디어 영웅이 되게 하신 여호와께 기꺼이 자기 자신을 바치겠다는 것이다(36절).

입다와 그의 딸은 율법이 잘못된 서원은 무효로 간주하며, 인간의 생명에 연관된 서원은 다른 것으로 대처하는 것을 허락한다는 사실을 모르고 있다(cf. 레 27:1-8; 민 18:15-16, 30장). 율법은 구체적으로 인간 번제를 금한다(레 18:21, 20:2-5). 그러므로 입다가 서원을 지키면 오히려 하나님께 죄를 범하게 되는 것이다. 그러나 입다의 주변에는 이런 사실을 알려 줄 만한 제사장이나 레위 사람도 없다. 모두 다 각자 자기 소견에 옳은 대로 행하는 시대에 입다 이야기는 이스라엘의 가나안화가 가시화되고 있음을 시사한다.

5 입다 딸의 죽음으로 생긴 이스라엘의 풍습은 무엇인가?(삿 11:40)

....

....

Tip

입다의 딸은 제물이 되어 죽기 전에 친구들과 함께 처녀로 죽어야 하는 자신의 죽음을 슬퍼하며 시간을 보낼 수 있도록 두 달의 말미를 달라고 했다(37절). 그녀는 입다의 무남독녀였다. 사람이 자손을 남기지 않고 죽는 것을 가장 큰 불행이라고 생각했던 고대 근동의 정황에서 그녀가 죽으면 그녀에게도 수치이지만 입다에게는 감당하기 힘든 불행이 된다. 그녀가 죽으면서 입다의 자손(씨앗)도 죽었다. 두 달이 지난 다음 그녀는 집으로 돌아와 처녀 제물이 되어 생을 마감했다. 이 일로 인해 이스라엘 여인이 매년 산으로 들어가서 4일 동안 애곡하는 풍습이 생겼다. 히브리어 단어 '올라'는 번제를 뜻하는 전문적인 단어로 입다의 딸은 처녀로 살다가 죽은 것이 아니다. 만일 처녀로 살다가 죽었다면 4일씩 애곡하는 풍습은 의미가 없다.

삶의 내비게이션(적용)

1 율법은 인간 번제를 금한다. 그러나 입다의 주변에는 이와 같은 사실을 알려 줄 만한 제사장이나 레위 사람이 없다. 당신에게 하나님의 말씀을 가르쳐 준 사람 중 가장 기억에 남는 분은 누구인가? 그분의 어떤 부분이 기억에 남는가?

관찰문제 4번 참고.

2 입다의 서원은 잘못된 서원이었다. 당신이 경험한 서원에는 어떤 것이 있으며, 당신이 알고 있는 잘못된 서원을 해결하는 방법에는 무엇이 있는가?

관찰문제 2번 참고.

〈서원〉

서원의 종류	무르는 방법
사람 서원(27:1–8)	평생 성전/성막에서 일하거나 사람의 조건에 따라 '적절한' 대등한 금액을 성소에 들여놓는 것
짐승 서원(27:9–13)	제사장이 정한 가격의 20% 더 추가
집 서원(27:14–15)	제사장이 정한 가격의 20% 더 추가
밭 서원(27:16–25)	20%를 더 추가
첫 짐승(27:26–27)	제사장이 정한 값의 5분의 1
온전히 바친 물건들(27:28–29)	무를 수 없음
십일조(27:30–33)	십일조로 드려지는 물건의 20% 더 추가

3 영적 증거(영성)는 은사가 아니라 성령의 열매, 즉 매일의 삶에서 드러나는 경건한 모습이다. 당신은 영성의 척도를 무엇으로 꼽는가?

관찰문제 1번 참고.

4 입다는 여호와와 그모스를 구분하지 못하는 신학적인 문제로 잘못된 서원을 드리고 있다. 당신은 입으로는 여호와를 섬기면서 생활은 바알과 아세라를 섬기고 있지는 않은가?

관찰문제 2번 참고.

생활의 아로마(실천)

제8주 잘못된 만남

사사기 14:1–20

복습

1 전쟁에 임하기 전에 입다가 서원한 것은 무엇이며, 그의 서원은 무엇이 잘못되었는가?(삿 11:31)

....

....

....

사사기 14:1–20

14:1 삼손이 딤나에 내려가서 거기서 블레셋 사람의 딸들 중에서 한 여자를 보고 2 올
라와서 자기 부모에게 말하여 이르되 내가 딤나에서 블레셋 사람의 딸들 중에서 한 여
자를 보았사오니 이제 그를 맞이하여 내 아내로 삼게 하소서 하매 3 그의 부모가 그에
게 이르되 네 형제들의 딸들 중에나 내 백성 중에 어찌 여자가 없어서 네가 할례 받지
아니한 블레셋 사람에게 가서 아내를 맞으려 하느냐 하니 삼손이 그의 아버지에게 이
르되 내가 그 여자를 좋아하오니 나를 위하여 그 여자를 데려오소서 하니라 4 그 때
에 블레셋 사람이 이스라엘을 다스린 까닭에 삼손이 틈을 타서 블레셋 사람을 치려 함
이었으나 그의 부모는 이 일이 여호와께로부터 나온 것인 줄은 알지 못하였더라 5 삼
손이 그의 부모와 함께 딤나에 내려가 딤나의 포도원에 이른즉 젊은 사자가 그를 보
고 소리 지르는지라 6 여호와의 영이 삼손에게 강하게 임하니 그가 손에 아무것도 없
이 그 사자를 염소 새끼를 찢는 것 같이 찢었으나 그는 자기가 행한 일을 부모에게 알

리지 아니하였더라 [7] 그가 내려가서 그 여자와 말하니 그 여자가 삼손의 눈에 들었더
라 [8] 얼마 후에 삼손이 그 여자를 맞이하려고 다시 가다가 돌이켜 그 사자의 주검을
본즉 사자의 몸에 벌 떼와 꿀이 있는지라 [9] 손으로 그 꿀을 떠서 걸어가며 먹고 그의
부모에게 이르러 그들에게 그것을 드려서 먹게 하였으나 그 꿀을 사자의 몸에서 떠왔
다고는 알리지 아니하였더라 [10] 삼손의 아버지가 여자에게로 내려가매 삼손이 거기서
잔치를 베풀었으니 청년들은 이렇게 행하는 풍속이 있음이더라 [11] 무리가 삼손을 보고
삼십 명을 데려와서 친구를 삼아 그와 함께 하게 한지라 [12] 삼손이 그들에게 이르되
이제 내가 너희에게 수수께끼를 내리니 잔치하는 이레 동안에 너희가 그것을 풀어 내
게 말하면 내가 베옷 삼십 벌과 겉옷 삼십 벌을 너희에게 주리라 [13] 그러나 그것을 능
히 내게 말하지 못하면 너희가 내게 베옷 삼십 벌과 겉옷 삼십 벌을 줄지니라 하니 그들
이 이르되 네가 수수께끼를 내면 우리가 그것을 들으리라 하매 [14] 삼손이 그들에게 이
르되 먹는 자에게서 먹는 것이 나오고 강한 자에게서 단 것이 나왔느니라 하니라 그들
이 사흘이 되도록 수수께끼를 풀지 못하였더라 [15] 일곱째 날에 이르러 그들이 삼손의
아내에게 이르되 너는 네 남편을 꾀어 그 수수께끼를 우리에게 알려 달라 하라 그렇지
아니하면 너와 네 아버지의 집을 불사르리라 너희가 우리의 소유를 빼앗고자 하여 우
리를 청한 것이 아니냐 그렇지 아니하냐 하니 [16] 삼손의 아내가 그의 앞에서 울며 이
르되 당신이 나를 미워할 뿐이요 사랑하지 아니하는도다 우리 민족에게 수수께끼를 말
하고 그 뜻을 내게 알려 주지 아니하도다 하는지라 삼손이 그에게 이르되 보라 내가 그
것을 나의 부모에게도 알려 주지 아니하였거든 어찌 그대에게 알게 하리요 하였으나
[17] 칠 일 동안 그들이 잔치할 때 그의 아내가 그 앞에서 울며 그에게 강요함으로 일곱째
날에는 그가 그의 아내에게 수수께끼를 알려 주매 그의 아내가 그것을 자기 백성들에게
알려 주었더라 [18] 일곱째 날 해 지기 전에 성읍 사람들이 삼손에게 이르되 무엇이 꿀보
다 달겠으며 무엇이 사자보다 강하겠느냐 한지라 삼손이 그들에게 이르되 너희가 내 암
송아지로 밭 갈지 아니하였더라면 내 수수께끼를 능히 풀지 못하였으리라 하니라 [19] 여
호와의 영이 삼손에게 갑자기 임하시매 삼손이 아스글론에 내려가서 그 곳 사람 삼십
명을 쳐죽이고 노략하여 수수께끼 푼 자들에게 옷을 주고 심히 노하여 그의 아버지의
집으로 올라갔고 [20] 삼손의 아내는 삼손의 친구였던 그의 친구에게 준 바 되었더라

12장 입다, 입산, 엘론, 압돈 이야기

13장 삼손의 출생 이야기

말씀 돋보기(관찰)

1 삼손이 블레셋 여인과 결혼하려는 이유는 무엇이며, 이 일은 누구로 말미암은 것인가?(삿 14:3–4)

....

....

Tip 삼손은 딤나에 갔다가 어떤 처녀를 보고 돌아와서 아버지에게 그녀를 아내로 얻어 달라고 떼를 썼다. 삼손이 그녀와 결혼하려는 이유는 단지 그의 눈에 그녀가 좋아서 결혼하려는 것이다(3절). "보았다"라는 동사가 1–2절에 반복되는 것으로 보아 삼손이 원칙이나 최고의 선을 추구하면서 신중하게 행동하는 것이 아니라 눈에 보이는 것과 개인적인 관심사에 의존해 직감적으로 움직이고 있음을 암시한다. 저자는 하나님의 관점에서도 삼손의 결혼을 조명하는데, 하나님은 삼손의 결혼을 블레셋 사람을 치실 계기로 삼으려고 계획하셨다(4절).

2 청혼하러 가는 길에 삼손이 나실인으로 범하면 안 되는 두 가지 잘못은 무엇인가?(삿 14:5–6)

....

....

Tip 삼손 일행이 청혼하러 가는 길에는 포도원이 있었다. 나실인은 포도나무에서 비롯된 것은 모두 피해야 한다(cf. 민 6:1–4). 그런데 삼손은 포도원에 들어간 것이다. 포도원에서 삼손은 으르렁거리며 달려드는 사자를 맨손으로 때려눕혔고, 이 사실을 부모에게는 알리지 않았다(6절). 삼손이 사자를 죽인 사실을 부모에게 말하지 않은 이유는 아마도 나실인이었기 때문이다. 나실인은 우연이라도 주검을 접하면 그동안 길렀던 머리카락을 자르고 성막을 찾아가 제물을 바치며 8일 동안 정결 예식을 치러야 했다(cf. 민 6:9–12).

3 사자의 주검에서 나온 꿀을 떠서 먹는 것으로 보아 삼손의 성격은 어떠한가?(삿 14:8-9)

....

Tip 삼손은 아무리 꿀이 먹음직스럽다 하더라도 그 꿀에 손대지 말고 그냥 지나갔어야 했다. 나실인은 주검을 만져서는 안 된다(민 6:6). 삼손은 하나님의 시험에 낙제한 것이다. 나실인이 아닌 이스라엘 사람도 주검을 만지면 부정해진다(cf. 레 11:24-25, 39). 삼손은 전혀 미심쩍게 생각하지 않는 부모에게도 꿀을 먹게 하여 그들을 부정하게 만들었다. 삼손의 부모는 그를 성결하게 했는데 삼손은 그들을 부정하게 만들었다. 이렇게 삼손은 오직 자기 욕구를 충족시키는 일과 순간적인 만족을 위해 사는 자이다. 그는 느낌과 감정에 좌지우지되는 사람이었다.

4 삼손의 수수께끼는 무엇인가?(삿 14:14)

....

....

Tip 삼손의 수수께끼는 6개의 히브리어 단어로 구성된 매우 간략한 것이다. "먹는 자에게서 먹는 것이 나오고, 강한 자에게서 단 것이 나왔느니라"(14절). 이 수수께끼가 잔치에서, 청년들에게 주어진 것이라는 점을 감안하면 그들은 최소한 두 개의 유력한 답을 추측할 수 있었을 것이다. 첫 번째 가능성은 '토한 것'이다. 일주일 동안 지속되는 잔치를 치르다 보면 필요 이상의 음식과 술을 마시게 되는 것은 흔한 일이다. 이런 정황에서 "먹는 자"에게서 "먹는 것"이 나온 것은 구토가 아니면 무엇이겠는가. 또한 잔치에 참석한 "강한 자"가 토해 낸 것은 온갖 고급 잔치 음식이므로 "단 것"인 것이다. 두 번째 가능성은 '정액'이다. 이 경우 먹는 자와 강한 자는 곧 신랑이다. 신랑에게서 나온 "먹는 것"과 강한 자에게서 나온 "단 것"은 곧 그의 정액이며, 은유적으로 말할 때 신부는 신랑의 정액을 '먹는다'는 해석이다. 그들은 뻔한 두 가지 답을 찾지 못하고 고민했다. 물론 삼손의 답은 전혀 다른 답이었다.

5 삼손은 수수께끼의 약속을 지키기 위해 어떻게 했는가?(삿 14:19)

Tip 비열한 방법으로 답을 알아낸 블레셋 사람이 당당하게 답을 말했다. 삼손은 "나의 암소로 밭을 갈아서 얻은 답"이라며 '부정'을 외쳤지만 별 소용이 없었다. 하는 수 없이 삼손은 약속대로 모시 옷 30벌과 겉옷 30벌을 마련하기 위해 아스글론으로 내려가 블레셋 사람 30명을 죽이고 그들의 옷을 취했다(19절). 아스글론은 딤나에서 30km 이상 떨어진 곳에 있는 블레셋 사람의 도시였다. 블레셋 사람과의 내기에 건 옷을 마련하기 위해 블레셋 사람을 죽인 것이다. 이렇게 삼손의 결혼 사건을 통해 하나님은 블레셋 사람에 대한 심판을 시작하셨다.

삶의 내비게이션(적용)

1 삼손은 우리의 기대와는 전혀 다르게 성장한다. 당신도 어린 시절과는 전혀 다르게 성장한 부분이 있다면 무엇인가?

2 삼손의 결혼관은 보기에 좋은대로 행하는 것이었다. 결혼의 조건으로 가장 중요한 것은 무엇인가?

관찰문제 1번 참고.

3 삼손은 보기에 좋은 대로 행하고 있다. 이스라엘이 보기에 좋은 대로 행한 것은 하나님의 눈에는 악한 일이다. 당신이 지금 보기에 좋은 대로 행하고 싶은 것은 무엇인가?

관찰문제 1번 참고.

4 삼손은 포도원을 오고 가며 들렀다. 당신의 발길(눈길, 관심)이 더 가야 하는 곳은 어디이며, 덜 가야 하는 곳은 어디인가?

관찰문제 2번, 3번 참고.

생활의 아로마(실천)

제9주 내가 복음

사사기 17:1–13

복습

1 삼손이 블레셋 여인과 결혼하려는 이유는 무엇이며, 이 일은 누구로 말미암은 것인가?(삿 14:3–4)

....

....

....

사사기 17:1–13

17:1 에브라임 산지에 미가라 이름하는 사람이 있더니 2 그의 어머니에게 이르되 어머
니께서 은 천백을 잃어버리셨으므로 저주하시고 내 귀에도 말씀하셨더니 보소서 그
은이 내게 있나이다 내가 그것을 가졌나이다 하니 그의 어머니가 이르되 내 아들이 여
호와께 복 받기를 원하노라 하니라 3 미가가 은 천백을 그의 어머니에게 도로 주매 그
의 어머니가 이르되 내가 내 아들을 위하여 한 신상을 새기며 한 신상을 부어 만들기
위해 내 손에서 이 은을 여호와께 거룩히 드리노라 그러므로 내가 이제 이 은을 네게
도로 주리라 4 미가가 그 은을 그의 어머니에게 도로 주었으므로 어머니가 그 은 이백
을 가져다 은장색에게 주어 한 신상을 새기고 한 신상을 부어 만들었더니 그 신상이
미가의 집에 있더라 5 그 사람 미가에게 신당이 있으므로 그가 에봇과 드라빔을 만들
고 한 아들을 세워 그의 제사장으로 삼았더라 6 그 때에는 이스라엘에 왕이 없었으므
로 사람마다 자기 소견에 옳은 대로 행하였더라 7 유다 가족에 속한 유다 베들레헴에

한 청년이 있었으니 그는 레위인으로서 거기서 거류하였더라 8 그 사람이 거주할 곳
을 찾고자 하여 그 성읍 유다 베들레헴을 떠나 가다가 에브라임 산지로 가서 미가의
집에 이르매 9 미가가 그에게 묻되 너는 어디서부터 오느냐 하니 그가 이르되 나는 유
다 베들레헴의 레위인으로서 거류할 곳을 찾으러 가노라 하는지라 10 미가가 그에게
이르되 네가 나와 함께 거주하며 나를 위하여 아버지와 제사장이 되라 내가 해마다 은
열과 의복 한 벌과 먹을 것을 주리라 하므로 그 레위인이 들어갔더라 11 그 레위인이
그 사람과 함께 거주하기를 만족하게 생각했으니 이는 그 청년이 미가의 아들 중 하나
같이 됨이라 12 미가가 그 레위인을 거룩하게 구별하매 그 청년이 미가의 제사장이 되
어 그 집에 있었더라 13 이에 미가가 이르되 레위인이 내 제사장이 되었으니 이제 여
호와께서 내게 복 주실 줄을 아노라 하니라

15장, 16장: 삼손 이야기

말씀 돋보기(관찰)

1 미가는 십계명 중 어떤 계명을 범했는가?(삿 17:2)

Tip

미가의 어머니가 은 돈 1,100개를 도둑맞고 훔친 사람을 저주한 적이 있었는데 범인은 다름 아닌 미가였다(2절). 미가가 돈을 훔친 것은 하나님의 율법을 어긴 것이며(cf. 출 20:15; 신 5:19), 어머니를 우롱한 행위이다(cf. 출 20:12; 신 5:16). 그러므로 미가는 십계명 중 "도둑질하지 말라"는 제8계명과 "네 부모를 공경하라"는 제5계명을 범한 것이다. 율법에 의하면 그는 어머니에게 20%를 더해 배상해야 할 뿐만 아니라 성막에 가서 제사장을 통해 속죄제를 드려야 한다. 그러나 이 이야기에서 하나님의 율법은 완전히 무시된다. 또 미가는 어머니가 훔친 자에게 저주를 선포하자 돈을 돌려주었다. 잘못을 깨닫고 돌려준 것이 아니라 저주가 자기

에게 임할 것을 두려워 돌려준 것이다.

* 은 1,100세겔: 약 12.7kg, 한 사람의 100년 봉급에 해당한다.

2 미가의 어머니의 죄는 무엇인가?(삿 17:3-4)

....

....

....

Tip 미가의 어머니는 아들에게 저주가 임하는 것을 막기 위해 복을 빌어주고 돌려받은 돈도 여호와께 바치겠다고 했다. 그러나 그녀는 돈을 실로에 있는 하나님의 집에 들여놓지 않고(18:31), 아들 미가에게 주었다(3절). 또 아들이 돌려준 1,100세겔을 모두 여호와께 바친다고 해놓고, 실제로는 900세겔을 빼고 200세겔만 아들에게 넘겨주었다(4절). 처음에 바치겠다고 했던 액수가 아깝게 느껴져 마음을 바꾼 것이다. 더 심각한 문제는 이 돈을 여호와께 드린다고 해놓고, '은을 입힌 목상'을 만들라며 아들에게 주었다는 점이다(3, 4절).

3 미가의 산당에 있는 것은 무엇인가?(삿 17:5)

....

....

Tip 어머니가 은을 주자 미가는 그 은으로 우상을 만들어 자신의 집에 두었다(4절). 그는 '개인 산당'을 가지고 있었으며, 그 산당에는 에봇과 드라빔 등 우상이 있었다. 미가는 어머니에게 받은 은으로 새 우상을 만들어 이미 가지고 있던 우상 모음에 더했던 것이다. 에봇은 제사장이 입는 옷이지만 기드온이 만든 에봇은 그와 온 이스라엘에게 덫이 되었다고 한다(8:27). 그 이유가 이곳에서 명확하게 밝혀지고 있다. 기드온이 만들었고, 미가가 개인 산당에 가지고 있는 에봇은 이스라엘 제사장이 입는 옷이 아니라 우상이었던 것이다. 드라빔은 여러 잡다한 수호신의 우상이거나 점술가가 점을 칠 때 사용하는 우상일 수 있다.

4 미가와 그의 어머니가 죄지은 이유는 무엇이며, 신앙의 특징은 무엇인가?(삿 17:6, 13)

....

....

Tip 미가와 그의 어머니가 죄를 범한 이유는 "그 때에는 이스라엘에 왕이 없었으므로 사람마다 자기 소견에 옳은 대로 행하였기" 때문이다(6절). 왕이 있었다면 왕이 질서를 확립하고 바른 길을 가르치기에 이런 일이 없었을 것이다. 미가 집안 사람들은 오직 여호와만 섬긴 것이 아니라 다른 신도 숭배한 다신주의자들이었다. 여호와가 그들이 숭배하는 여러 신 중 하나로 취급되다 보니, 하나님의 명령과 규례가 준수될 특별한 이유가 없었을 뿐만 아니라 우상을 만드는 일도 꺼리지 않았던 것이다. 미가 집안의 다신주의적 성향과 우상 숭배는 이스라엘 사람의 영적인 상태를 묘사하는 하나의 예이다.

5 미가가 레위 사람을 제사장으로 삼은 일에는 몇 가지 문제점이 있다. 그것은 무엇인가?(삿 17:7-12)

....

....

....

Tip 첫째, 레위 사람이라고 모두 제사장이 될 수 있는 것이 아니라 레위 지파에 속한 사람 중에서 오직 아론의 후손만 제사장이 될 수 있다(cf. 출 28:1-3). 그런데 미가는 이런 사실을 확인하지 않고 그 사람을 제사장으로 삼았다.

둘째, 이 사람을 "청년"이라고 한다. 율법에 의하면 제사장은 30세에 취임한다(민 4:3, 30). 이 사람은 아직 제사장이 될 만한 나이가 아니라는 것이다.

셋째, 레위 청년이 미가의 제안을 받아들여 그의 개인적인 제사장이 되겠다고 하자, 미가가 그에게 제사장직을 주었다(12절). 제사장직은 전통에 따라 오직 제사장만이 줄 수 있는 것이다. 그런데 미가가 제사장직을 주고 있다.

〈레위인의 제사장직〉

제사장직 필수요건	율법의 요구	현실
혈통(출 28:30)	레위 지파에 속한 아론의 후손인 경우	레위 지파지만 아론의 자손이 아님(7절)
연령 제한(민 4:3)	30세에 취임	"청년"(7절)
임명권	오직 제사장만이 임명	일반인 미가의 임명(12절)
사역지	여호와를 섬기는 곳	우상 숭배의 터전

삶의 내비게이션(적용)

1 미가는 십계명 중 부모를 공경하라는 제5계명을 지키지 못하고 있다. 당신이 어렸을 때 부모님의 돈에 손을 대거나 말씀을 거역하여 혼난 경험에는 무엇이 있는가?

관찰문제 1번 참고.

2 미가와 그의 어머니가 죄를 지은 것처럼 당신이 자꾸 타락하는 이유는 무엇인가?

관찰문제 2번 참고.

3 당신이 현재 한 일로 하나님께 기대하는 것은 무엇인가?

관찰문제 3번 참고.

생활의 아로마(실천)

제10주 맞물린 타락

사사기 18:11-26

복습

1 미가와 그의 어머니가 죄지은 이유는 무엇이며, 신앙의 특징은 무엇인가?(삿 17:6, 13)

사사기 18:11-26

18:11 단 지파의 가족 중 육백 명이 무기를 지니고 소라와 에스다올에서 출발하여 12 올
라가서 유다에 있는 기럇여아림에 진 치니 그러므로 그 곳 이름이 오늘까지 마하네 단
이며 그 곳은 기럇여아림 뒤에 있더라 13 무리가 거기서 떠나 에브라임 산지 미가의
집에 이르니라 14 전에 라이스 땅을 정탐하러 갔던 다섯 사람이 그 형제들에게 말하여
이르되 이 집에 에봇과 드라빔과 새긴 신상과 부어 만든 신상이 있는 줄을 너희가 아
느냐 그런즉 이제 너희는 마땅히 행할 것을 생각하라 하고 15 다섯 사람이 그 쪽으로
향하여 그 청년 레위 사람의 집 곧 미가의 집에 이르러 그에게 문안하고 16 단 자손 육
백 명은 무기를 지니고 문 입구에 서니라 17 그 땅을 정탐하러 갔던 다섯 사람이 그리
로 들어가서 새긴 신상과 에봇과 드라빔과 부어 만든 신상을 가져갈 때에 그 제사장
은 무기를 지닌 육백 명과 함께 문 입구에 섰더니 18 그 다섯 사람이 미가의 집에 들어
가서 그 새긴 신상과 에봇과 드라빔과 부어 만든 신상을 가지고 나오매 그 제사장이

그들에게 묻되 너희가 무엇을 하느냐 하니 19 그들이 그에게 이르되 잠잠하라 네 손을
입에 대라 우리와 함께 가서 우리의 아버지와 제사장이 되라 네가 한 사람의 집의 제
사장이 되는 것과 이스라엘의 한 지파 한 족속의 제사장이 되는 것 중에서 어느 것이
낫겠느냐 하는지라 20 그 제사장이 마음에 기뻐하여 에봇과 드라빔과 새긴 우상을 받
아 가지고 그 백성 가운데로 들어가니라 21 그들이 돌이켜서 어린 아이들과 가축과 값
진 물건들을 앞세우고 길을 떠나더니 22 그들이 미가의 집을 멀리 떠난 때에 미가의
이웃집 사람들이 모여서 단 자손을 따라 붙어서 23 단 자손을 부르는지라 그들이 얼굴
을 돌려 미가에게 이르되 네가 무슨 일로 이같이 모아 가지고 왔느냐 하니 24 미가가
이르되 내가 만든 신들과 제사장을 빼앗아 갔으니 이제 내게 오히려 남은 것이 무엇이
냐 너희가 어찌하여 나더러 무슨 일이냐고 하느냐 하는지라 25 단 자손이 그에게 이르
되 네 목소리를 우리에게 들리게 하지 말라 노한 자들이 너희를 쳐서 네 생명과 네 가
족의 생명을 잃게 할까 하노라 하고 26 단 자손이 자기 길을 간지라 미가가 단 자손이
자기보다 강한 것을 보고 돌이켜 집으로 돌아갔더라

말씀 돋보기(관찰)

1 단 지파의 육백 명의 이동 경로는 어떠한가?(삿 18:11-13)

....

....

Tip 소라와 에스다올을 떠난 단 지파의 육백 명은 유다 땅에 있는 기럇여아림에 진을 쳤다. 기럇여아림은 '숲들의 도시'(viz., 숲으로 무성한 도시)라는 뜻을 지녔으며, 예루살렘에서 북쪽으로 약 13km 지점에 있는 곳이었다. 단 사람들은 기럇여아림을 떠나 에브라임 산간 지방으로 올라가 미가의 집에 이르렀다.

2 무리가 미가의 집에 도착해서 행한 두 가지 일은 무엇인가?(삿 18:17, 19)

Tip 단 군인들은 정탐꾼 다섯 명과 함께 즉시 미가의 우상들을 옮기기 시작했다. 지켜보던 레위 사람이 항의하자 그들은 “한 집안의 제사장보다 온 지파의 제사장이 되는 것이 어떠냐?”라고 제안했으며, 레위 사람이 그 제안을 좋게 받아들여 단 사람들과 함께 떠났다. 단 지파는 미가의 집에서 우상과 함께 제사장까지 훔친 것이다.

3 단 지파 사람들과 미가의 집 제사장의 죄는 무엇인가?(삿 18:19-20)

Tip 단 지파 사람들과 미가의 집 제사장인 레위 사람은 큰 절도죄뿐만 아니라 배신까지 저지르고 있다. 미가는 전에 이 정탐꾼들이 쉬어 가도록 배려해 주었고, 방황하는 레위 사람을 제사장으로 삼아 어른으로 모시면서 아들처럼 사랑해 주었다. 그런데 이들은 미가의 물건을 훔치고 배신까지 한 것이다.

4 레위 사람이 단 지파 사람들의 제안에 기뻐한 이유는 무엇인가?(삿 18:20)

Tip 600여 명의 군사에게 포위당한 레위 사람 입장에서는 선택의 여지가 없었을 수 있지만 “그 제사장이 마음에 기뻐하여” 단 사람들에게 동조했다고 한다(20절). 그뿐만 아니라 제사장은 스스로 에봇과 드라빔과 은을 입힌 목상을 챙겼다. 드디어 성공할 기회를 잡았다는 흥분된 마음으로 필요한 모든 ‘연장’을 챙겨, 훔쳐 달아난 것이다.

5 미가가 단 지파 군대에게 찾으러 간 것은 무엇이며, 왜 빈손으로 집에 돌아갔는가?(삿 18:24-26)

Tip 미가가 단 지파 군대에게 찾으러 간 것은 "내가 만든 내 신들과 제사장"이었다. 단 자손들의 반응에 기가 막힌 미가는 "내가 만든 내 신들을 훔쳐 가고도 무슨 일이냐고 묻는 것이냐"라며 항의했다. 미가의 발언을 잘 생각해 보면 우상 숭배의 어리석음이 드러난다. 이 신들은 그가 만든 것이다. 미가가 생산한 물건에 불과하고 더구나 이 '물건들'은 스스로를 보호할 힘이 없다. 그래서 지금 끌려가고 있으며, 미가의 힘이 있어야만 해방될 수 있다. 사람들은 신을 숭배하는 이유가 환난 날에 보호받기 위함인데 우상들은 도저히 그들의 기대에 미치지 못하고 있다. 단 지파 사람들이 "조용히 돌아가라. 그렇지 않으면 당신과 당신 가족들이 다친다"라고 협박했고(25절), 미가는 자신이 수적으로 약세라는 것을 깨닫고 말없이 집으로 돌아갔다(26절). 미가는 비싼 돈을 들여 만든 우상들도 빼앗기고 어른으로 모시면서 동시에 아들처럼 아껴주었던 제사장에게도 배신당했다.

삶의 내비게이션(적용)

1 미가의 집 제사장인 레위 사람은 단 지파 군인들의 제안에 마음이 기뻐 미가를 배신한다. 드디어 성공할 기회를 잡았다는 흥분된 마음으로 스스로 에봇과 드라빔과 은을 입힌 목상을 챙겼다. 당신이 성공을 위해 챙기는 에봇과 드라빔, 은을 입힌 목상은 무엇인가?

관찰문제 4번 참고.

2 미가, 레위 청년, 단 지파 사람들의 이야기는 당시 이스라엘에 결여된 도덕성과 가치관의 한 단면을 보여준다. 오늘날에도 도덕과 올바른 가치관이 사라지고 있다. 당신이 이것만은 절대 포기하지 않겠다고 다짐하는 도덕적 원칙은 무엇인가?

관찰문제 2번, 4번, 5번 참고.

3 레위인은 성공지향주의로 큰 것이 좋아 그것을 따라간다. 당신이 생각하는 성경적인 성공의 기준은 무엇인가?

관찰문제 4번 참고.

생활의 아로마(실천)

제11주 타락의 극치

사사기 19:10-30

복습

1 단 지파 사람들이 미가의 집에 도착해서 행한 두 가지 일은 무엇인가?(삿 18:17, 19)

2 미가가 단 지파 군대에게 찾으러 간 것은 무엇이며, 왜 빈손으로 집에 돌아갔는가?(삿 18:24-26)

사사기 19:10-30

19:10 그 사람이 다시 밤을 지내고자 하지 아니하여 일어나서 떠나 여부스 맞은편에 이
르렀으니 여부스는 곧 예루살렘이라 안장 지운 나귀 두 마리와 첩이 그와 함께 하였
더라 11 그들이 여부스에 가까이 갔을 때에 해가 지려 하는지라 종이 주인에게 이르되
청하건대 우리가 돌이켜 여부스 사람의 이 성읍에 들어가서 유숙하십시다 하니 12 주
인이 그에게 이르되 우리가 돌이켜 이스라엘 자손에게 속하지 아니한 이방 사람의 성
읍으로 들어갈 것이 아니니 기브아로 나아가리라 하고 13 또 그 종에게 이르되 우리가
기브아나 라마 중 한 곳에 가서 거기서 유숙하자 하고 14 모두 앞으로 나아가더니 베

냐민에 속한 기브아에 가까이 이르러 해가 진지라 15 기브아에 가서 유숙하려고 그리
로 돌아 들어가서 성읍 넓은 거리에 앉아 있으나 그를 집으로 영접하여 유숙하게 하는
자가 없었더라 16 저녁 때에 한 노인이 밭에서 일하다가 돌아오니 그 사람은 본래 에
브라임 산지 사람으로서 기브아에 거류하는 자요 그 곳 사람들은 베냐민 자손이더라
17 노인이 눈을 들어 성읍 넓은 거리에 나그네가 있는 것을 본지라 노인이 묻되 그대
는 어디로 가며 어디서 왔느냐 하니 18 그가 그에게 이르되 우리는 유다 베들레헴에서
에브라임 산지 구석으로 가나이다 나는 그 곳 사람으로서 유다 베들레헴에 갔다가 이
제 여호와의 집으로 가는 중인데 나를 자기 집으로 영접하는 사람이 없나이다 19 우리
에게는 나귀들에게 먹일 짚과 여물이 있고 나와 당신의 여종과 당신의 종인 우리들과
함께 한 청년에게 먹을 양식과 포도주가 있어 무엇이든지 부족함이 없나이다 하는지
라 20 그 노인이 이르되 그대는 안심하라 그대의 쓸 것은 모두 내가 담당할 것이니 거
리에서는 유숙하지 말라 하고 21 그를 데리고 자기 집에 들어가서 나귀에게 먹이니 그
들이 발을 씻고 먹고 마시니라 22 그들이 마음을 즐겁게 할 때에 그 성읍의 불량배들
이 그 집을 에워싸고 문을 두들기며 집 주인 노인에게 말하여 이르되 네 집에 들어온
사람을 끌어내라 우리가 그와 관계하리라 하니 23 집 주인 그 사람이 그들에게로 나와
서 이르되 아니라 내 형제들아 청하노니 이같은 악행을 저지르지 말라 이 사람이 내
집에 들어왔으니 이런 망령된 일을 행하지 말라 24 보라 여기 내 처녀 딸과 이 사람의
첩이 있은즉 내가 그들을 끌어내리니 너희가 그들을 욕보이든지 너희 눈에 좋은 대로
행하되 오직 이 사람에게는 이런 망령된 일을 행하지 말라 하나 25 무리가 듣지 아니
하므로 그 사람이 자기 첩을 붙잡아 그들에게 밖으로 끌어내매 그들이 그 여자와 관계
하였고 밤새도록 그 여자를 능욕하다가 새벽 미명에 놓은지라 26 동틀 때에 여인이 자
기의 주인이 있는 그 사람의 집 문에 이르러 엎드러져 밝기까지 거기 엎드러져 있더라
27 그의 주인이 일찍이 일어나 집 문을 열고 떠나고자 하더니 그 여인이 집 문에 엎드
러져 있고 그의 두 손이 문지방에 있는 것을 보고 28 그에게 이르되 일어나라 우리가
떠나가자 하나 아무 대답이 없는지라 이에 그의 시체를 나귀에 싣고 행하여 자기 곳에
돌아가서 29 그 집에 이르러서는 칼을 가지고 자기 첩의 시체를 거두어 그 마디를 찍
어 열두 덩이에 나누고 그것을 이스라엘 사방에 두루 보내매 30 그것을 보는 자가 다
이르되 이스라엘 자손이 애굽 땅에서 올라온 날부터 오늘까지 이런 일은 일어나지도
아니하였고 보지도 못하였도다 이 일을 생각하고 상의한 후에 말하자 하니라

말씀 돋보기(관찰)

1 어떤 레위 사람이 하룻밤을 유숙하기 위해 택한 성읍이 여부스가 아니라 기브아였던 이유는 무엇인가?(삿 19:12-14)

....

....

Tip 베들레헴 장인 집에서 첩을 찾아 집으로 돌아가던 레위 사람이 일행과 함께 여부스(예루살렘)를 지나고 있었다(10절). 레위 사람의 종은 날이 벌써 저물고 있으니 그날 밤은 여부스에서 머물자고 제안했다(11절). 당시 예루살렘에는 여부스 사람이 살고 있었기에 레위 사람은 동족이 사는 기브아까지 가야 한다고 했다. 레위 사람이 이스라엘 사람이 사는 기브아까지 가는 것을 고집하는 것은 무엇보다도 대접 때문이었을 것이다. 이방인보다는 동족에게 더 좋은 대접을 받을 수 있으리라는 기대감이 앞섰던 것이다. 게다가 그는 어디서든지 환영받는 레위 사람이었다.

2 레위 사람이 기브아 성읍 넓은 거리에 앉아 있었던 이유는 무엇이며, 그를 영접한 사람은 누구인가?(삿 19:15-21)

....

....

Tip 기브아에 도착했을 때 이미 해가 졌다. 오후 6시쯤 되었을 것이다. 그들은 기브아로 들어가 성읍 광장에 앉아 있었다(15절). 접대 관례가 일종의 거룩한 의무였던 당시에 이런 경우에는 먼저 본 사람이 와서 이들을 집으로 맞아들여야 했다. 율법도 객을 잘 대접하라고 명령하고 있다(출 22:21, 23:9; 레 19:33-34; 신 16:14, 26:12). 밤은 객에게 매우 위험한 시간이었기 때문이다. 그러나 아무도 그들을 거들떠보거나 집으로 초청하지 않았다(15절). 이방인의 마을에도 있을 수 없는 일이 이스라엘 성읍에서 일어났던 것이다. 기브아 사람의 사회적인 문제가 드러난다. 드디어 한 사람이 그들을 맞이하겠다고 나섰는데, 에브라임 산간 지방에서 이곳으로 와 타향살이를 하는 노인이었다(16절). 레위 사람이 에브라임에서 왔다는 것에 마음을 연 것으로 생각된다(18절). 그러나 그가 이곳에서 타향살이를 하고 있다는 것은 유사시에 그와 그의 손님을 보호해줄 만한 친척이 없다는 것을 뜻한다. 레위 사람 일행은 기브아 성읍에서 가장 연약한 사람의 집에 머물며 위험에 노출된 것이다.

3 기브아 불량배들이 집주인에게 요구한 것은 무엇인가?(삿 19:22)

....

....

Tip 어렵게 에브라임에서 온 노인의 집에서 밤을 지내게 된 레위 사람 일행을 동네 사람들이 가만히 두지 않았다. 성읍의 불량한 남자들이 그들이 묵던 곳으로 몰려왔다(22절). '불량하다'라는 단어는 구약에서 흔히 사용되는 단어가 아니다. 성경은 살인자, 강간범, 위증하는 자, 타락한 제사장, 술주정뱅이, 야비한 자, 자기 욕심만 챙기는 자, 반역자, 다른 사람을 우상 숭배로 이끄는 자 등을 불량하다고 한다. 그들은 노인에게 손님으로 머무는 사람을 '알고자 하니' 데리고 나오라고 했다. 여기서 '알다'는 히브리어에서 매우 광범위하게 사용되는 용어로 성관계를 갖는 것을 뜻하기도 한다. 소돔과 고모라에서 동성애가 행해졌던 것을 알 수 있는 것도 동네 사람들이 롯에게 천사들을 내놓으라고 하면서 이 단어를 사용했기 때문이다(cf. 창 19:5). 기브아 사람에게도 같은 단어를 사용하고 있다. 기브아 사람은 객을 대접해야 하는 미풍양속을 어겼을 뿐만 아니라 집단적으로 동성 강간을 하려고 했다. 이스라엘 사회의 윤리적 타락을 잘 보여주고 있다.

4 집주인이 불량배들에게 누구를 내주려고 했으며, 누가 밖으로 끌어 냈는가?(삿 19:24–25)

....

....

Tip 집주인 노인은 기브아 사람들에게 그러지 말라고 달래 보았지만 듣지 않았다. 이 과정에서 노인은 처녀인 자신의 딸과 레위 사람의 첩을 대신 줄 테니 "눈에 좋은 대로" 하라고 했다(24절). 그러나 레위 사람이 첩을 불량배들에게 넘김으로 사건은 일단락되었다. 노인이 자기 딸을 내보내려고 하자 레위 사람이 노인을 말리며 자기 첩을 내보낸 것으로 풀이된다. 노인과 레위 사람은 가족을 보호할 책임과 의무가 가장에게 있다는 것을 분명하게 강조했던 당시 문화의 기준에 역행하며, 이스라엘에 팽배해져 있던 가치관의 혼돈을 잘 보여준다. 모든 것이 혼란스럽고 기준과 가치관이 무너진 시대에 '자기 눈에 보기 좋은 대로' 행한 것이다.

5 다음날 레위 사람은 집 문에 엎드러져 죽어있는 여인의 시체를 어떻게 처리했는가?(삿 19:29-30)

....

....

Tip 레위 사람은 아침에 일어나 길을 떠나려고 준비하다가 문 앞에 쓰러져 있는 여인을 발견했다(27절). 그는 마치 아무 일도 없었던 것처럼 문지방을 붙잡고 쓰러져 있는 첩에게 "일어나 가자"라고 말했지만 아무런 대답이 없었다. 그녀는 이미 죽어 있었던 것이다. 불량배들은 윤간뿐만 아니라 살인까지 저지른 것이다. 레위 사람은 여인의 시체를 나귀에 실어 집으로 돌아온다. 집으로 돌아온 남자는 칼을 가져다가 아내를 열두 토막을 내어 이스라엘 모든 지파에게 보냈다(29절). 아내의 시체를 토막 내 모든 지파에게 보낸 레위 사람은 자기 자신을 스스로 '사사'로 임명했다. 보는 사람마다 충격을 받았고, 여인의 토막 난 시체에 얽힌 사연을 깊이 생각해 보고 어떻게 행동해야 할지 논의하기 위해 모이기로 했다(30절). 여인의 토막 난 시체가 일종의 전쟁 선포가 되었던 것이다.

삶의 내비게이션(적용)

1 레위 사람은 좋은 대접을 기대하고 기브아로 갔다. 당신도 좋은 대접을 기대했다가 실망한 경험이 있었다면 무엇인가?

관찰문제 2번 참고.

2 노인과 레위 사람은 가족을 보호할 책임과 의무를 다하지 못했다. 사람 중에는 타인에게는 잘하면서 가족에게는 인색한 사람이 있다. 당신은 가족에게 소홀히 대하고 있지는 않은가?

관찰문제 4번 참고.

3 이 이야기에 등장하는 사람 중에는 정상적인 사고와 정서를 지닌 사람이 없다. 현대를 살아가는 우리도 비정상적인 일이 너무 많아 정상적인 일이 희귀해졌다. 당신의 행동이 꼭 필요할 때 당신이 실천할 수 있는 가장 작은 것은 무엇인가?

관찰문제 5번 참고.

생활의 아로마(실천)

제12주 버려진 윤리

사사기 21:6-25

복습

1 기브아 불량배들이 집주인에게 요구한 것은 무엇인가?(삿 19:22)

....

사사기 21:6-25

21:6 이스라엘 자손이 그들의 형제 베냐민을 위하여 뉘우쳐 이르되 오늘 이스라엘 중
에 한 지파가 끊어졌도다 7 그 남은 자들에게 우리가 어떻게 하면 아내를 얻게 하리요
우리가 전에 여호와로 맹세하여 우리의 딸을 그들의 아내로 주지 아니하리라 하였도
다 8 또 이르되 이스라엘 지파 중 미스바에 올라와서 여호와께 이르지 아니한 자가 누
구냐 하고 본즉 야베스 길르앗에서는 한 사람도 진영에 이르러 총회에 참여하지 아니
하였으니 9 백성을 계수할 때에 야베스 길르앗 주민이 하나도 거기 없음을 보았음이
라 10 회중이 큰 용사 만 이천 명을 그리로 보내며 그들에게 명령하여 이르되 가서 야
베스 길르앗 주민과 부녀와 어린 아이를 칼날로 치라 11 너희가 행할 일은 모든 남자
및 남자와 잔 여자를 진멸하여 바칠 것이니라 하였더라 12 그들이 야베스 길르앗 주민
중에서 젊은 처녀 사백 명을 얻었으니 이는 아직 남자와 동침한 일이 없어 남자를 알
지 못하는 자라 그들을 실로 진영으로 데려오니 이 곳은 가나안 땅이더라 13 온 회중
이 림몬 바위에 있는 베냐민 자손에게 사람을 보내어 평화를 공포하게 하였더니 14 그
때에 베냐민이 돌아온지라 이에 이스라엘 사람이 야베스 길르앗 여자들 중에서 살려
둔 여자들을 그들에게 주었으나 아직도 부족하므로 15 백성들이 베냐민을 위하여 뉘

우쳤으니 이는 여호와께서 이스라엘 지파들 중에 한 지파가 빠지게 하셨음이었더라 [16]
회중의 장로들이 이르되 베냐민의 여인이 다 멸절되었으니 이제 그 남은 자들에게 어
떻게 하여야 아내를 얻게 할까 하고 [17] 또 이르되 베냐민 중 도망하여 살아 남은 자에
게 마땅히 기업이 있어야 하리니 그리하면 이스라엘 중에 한 지파가 사라짐이 없으리
라 [18] 그러나 우리가 우리의 딸을 그들의 아내로 주지 못하리니 이는 이스라엘 자손이
맹세하여 이르기를 딸을 베냐민에게 아내로 주는 자는 저주를 받으리라 하였음이로
다 하니라 [19] 또 이르되 보라 벧엘 북쪽 르보나 남쪽 벧엘에서 세겜으로 올라가는 큰
길 동쪽 실로에 매년 여호와의 명절이 있도다 하고 [20] 베냐민 자손에게 명령하여 이르
되 가서 포도원에 숨어 [21] 보다가 실로의 여자들이 춤을 추러 나오거든 너희는 포도원
에서 나와서 실로의 딸 중에서 각각 하나를 붙들어 가지고 자기의 아내로 삼아 베냐민
땅으로 돌아가라 [22] 만일 그의 아버지나 형제가 와서 우리에게 시비하면 우리가 그에
게 말하기를 청하건대 너희는 우리에게 은혜를 베풀어 그들을 우리에게 줄지니라 이
는 우리가 전쟁할 때에 각 사람을 위하여 그의 아내를 얻어 주지 못하였고 너희가 자
의로 그들에게 준 것이 아니니 너희에게 죄가 없을 것임이니라 하겠노라 하매 [23] 베냐
민 자손이 그같이 행하여 춤추는 여자들 중에서 자기들의 숫자대로 붙들어 아내로 삼
아 자기 기업에 돌아가서 성읍들을 건축하고 거기에 거주하였더라 [24] 그 때에 이스라
엘 자손이 그 곳에서 각기 자기의 지파, 자기의 가족에게로 돌아갔으니 곧 각기 그 곳
에서 나와서 자기의 기업으로 돌아갔더라 [25] 그 때에 이스라엘에 왕이 없으므로 사람
이 각기 자기의 소견에 옳은 대로 행하였더라

20장: 베냐민 지파의 진멸

말씀 돋보기(관찰)

1 이스라엘 지파 중에 한 사람도 총회에 참여하지 않은 지역은 어디인가?(삿 21:8)

....

....

Tip 이스라엘의 베냐민 살육 전쟁에 참여하지 않은 사람을 알아보니 야베스 길르앗에 사는 사람들이었다. 이스라엘 사람이 미스바에 모여 자식을 베냐민 사람과 결혼시키지 말자고 서로 맹세했기에(1절) 한 지파가 진멸당할 위기에 처한 것이다. 그래서 이스라엘 회중은 전쟁에 참여하지 않은 사람이 있는지 살펴본 것이다. 야베스 길르앗이 성경에 언급되는 것은 이곳이 처음이다. 그 이름은 '갈르앗의 물이 잘 빠지는 땅'이라는 뜻을 지녔으며 길르앗의 중심지였다.

2 베냐민 지파에게 아내를 주기 위해 이스라엘이 택한 방법은 무엇인가?(삿 21:10)

....

Tip 이스라엘의 가장 용감한 용사 12,000명을 보내 남녀노소 가리지 않고 모두 죽였다. 다만 처녀 400명만 생포하여 진으로 데려왔다. 이스라엘은 다시 한번 '가장 용감한 용사들'을 통해 대응할 수 없는 연약한 사람들을 진멸시키는 만행을 저질렀다. 그것도 동족에게 말이다. 이스라엘은 베냐민을 거의 진멸시키더니 이번에는 야베스 길르앗 사람들을 진멸시켰다. 저자는 그들이 무력으로 야베스 길르앗을 친 유일한 이유가 베냐민 지파 생존자들에게 아내를 주기 위한 것처럼 묘사한다.

3 숨어 있는 베냐민 군의 수(삿 20:47)와 야베스 길르앗에서 얻은 젊은 처녀는 각각 몇 명인가?(삿 21:12)

....

Tip 전쟁이 끝나자 이스라엘은 광야에 숨어 있는 베냐민 군 600명에게 사신을 보내 화평을 선언했다. 그리고 그들에게 생포한 야베스 길르앗 처녀 400명을 주었지만 당연히 여자가 부족했다(14절). 이스라엘의 어리석은 맹세 때문에 살생을 하는 노력에도 불구하고 200명의 처녀가 부족했다.

4 부족한 여자의 수를 채우기 위한 대책은 무엇인가?(삿 21:19-21)

....

Tip 이스라엘은 부족한 200명을 채우기 위한 대책을 마련했다. 실로에는 해마다 여호와 축제가 열렸는데, 베냐민 지파에게 숨어 있다가 실로의 처녀들이 춤추러 나오면 하나씩 납치하여 베냐민 땅으로 돌아가라고 했다(21절). 이스라엘은 '알고 준 것이 아니라 납치당한 것'이니 괜찮다는 논리를 폈다(22절). 그러나 이들이 납치하고자 하는 여자들은 다름 아닌 여호와 종교의 축제와 예배에 참석하는 여성들로 도저히 납득할 수 없는 계획이었다. 마음에 찔림을 받고 베냐민 사람들에 대한 시각을 바꾼 것은 정말 괄목할 만한 일이지만, 해결책으로 내놓은 것은 심각한 윤리적인 문제를 안고 있다.

5 사사기 저자는 이처럼 개인적인 차원에서 시작된 종교적 타락이 공동체의 분열과 집단 윤리 상실로 발전하고 있는 이스라엘의 상황을 무엇 때문이라고 마무리하는가?(삿 21:25)

....

....

Tip 한 여인이 윤간당한 사건으로 시작된 일이 한 지파와 성읍의 진멸로도 부족해 집단 납치와 강간으로 끝났다. 그것도 온 공동체가 공모하여 성스러운 여호와의 축제를 틈타서 말이다. 말 그대로 이스라엘의 영성은 더는 내려갈 수 없는 데까지 내려가 있다. 저자는 "그 때에 이스라엘에 왕이 없으므로 사람이 각기 자기의 소견에 옳은 대로" 행하였기에 일어난 일이라고 표현한다. 이 사건과 사사기는 사람이 하나님의 기준과 가치대로 살지 않고 각자 자기 마음대로 산다면 어떤 결과를 초래하는지 적나라하게 보여준다. 이것이 세속화의 결말이다.

〈사사기에 나타난 총체적 타락의 모습〉

한 개인의 종교적 타락(미가) → 한 개인의 도덕적 타락(레위 사람) → 한 집단의 총체적 타락(단 지파) → 공동체 분열 집단 가치/윤리 몰락

V. 적용과 나눔

삶의 내비게이션(적용)

1 요즘에 나타나는 "각기 자기 소견에 옳은 대로 행하는 것"은 무엇이 있는가?

관찰문제 5번 참고.

2 이스라엘은 베냐민 지파를 위한 일이라고 하면서 야베스 길르앗을 진멸하는 만행을 저지른다. 당신이 현재 알고 있는 대를 위한 일이라고 하면서 소를 희생하는 일들은 어떤 것이 있으며, 이에 대해 당신은 어떻게 생각하는가?

관찰문제 2번 참고.

3 사사기 저자는 이 모든 일이 하나님 말씀의 부재로 일어났다고 말한다. 당신은 하나님 말씀을 배우려는 자세와 노력을 하고 있는가?

관찰문제 5번 참고.

생활의 아로마(실천)

비밀 유지 서약서

나는 이 그룹에서 나눈 것들을 다른 곳에 누설하지 않기로 약속합니다. 또한 다른 그룹원들이 숨기고자 하는 내용을 나누도록 압력을 가하지 않기를 약속합니다. 하나님과 그룹원들에게 나의 약속을 성실히 이행할 것을 서약합니다.

서명______________________________

날짜______________________________

사사기 말씀 공부를 통한 삶의 변화 일지

주	나의 말씀 적용(생활의 아로마)	실천과정과 결과
1주		
2주		
3주		
4주		
5주		
6주		

주	나의 말씀 적용(생활의 아로마)	실천과정과 결과
7주		
8주		
9주		
10주		
11주		
12주		

송병현 〈엑스포지멘터리 시리즈〉의 저자. 캐나다 틴대일대학교(B. Th.)와 미국 시카고 트리니티 복음주의신학교를 졸업하고(M. Div.) 동 대학원에서 박사학위(Ph. D.)를 받았다. 1997년부터 백석대학교 구약학 교수로 봉직 중이며 2009년부터는 선교지의 지도자 교육을 위해 강사진을 파송하는 STAR 선교회를 이끌고 있다. 목회자와 신학생뿐 아니라 하나님의 말씀에 진지하게 귀기울이기 원하는 이 땅의 그리스도인들을 섬기기 위해 활발한 성경 강해와 해석 사역을 펼치고 있다.

송(임)우민 캐나다 틴대일대학교(B. Th.)와 미국 시키고 트리니티 복음주의신학교를 졸업(M. Div.), LA에 있는 탈봇신학교에서 기독교교육학으로 박사학위(Ph. D.)를 받았다. 20여 년간 북미와 한국에서 영어 주일학교 전도사로 교회학교 현장에서 사역했으며, CMIS 캐나다국제학교 이사, Korea Montessori College 교수, 몬테쏘리 교사 및 컨설턴트 등 다양한 교육학적 경력을 바탕으로 학부모 세미나, 부부 세미나, 교사 세미나와 주요 강사로서 가정과 교회학교를 말씀으로 세우기를 갈망하는 부모와 교사들을 섬기고 있다. 현재 백석예술대학교 사회복지학부 전임교수로 봉직 중이며, 남편 송병현 교수와 함께 STAR 선교회 이사로 섬기고 있다.

엑스포지멘터리 성경공부 시리즈 사사기

초판 1쇄 발행 2014년 9월 5일
개정판 2쇄 발행 2021년 9월 30일

지은이 송병현, 임우민
구성 신윤영

펴낸곳 도서출판 이엠
등록번호 제25100-2015-000063
주소 서울시 강서구 공항대로 220 610호
전화 070-8832-4671
E-mail empublisher@gmail.com

내용 및 세미나 문의 스타선교회: 02-520-0877 / EMail: starofkorea@gmail.com / www.star123.kr

ISBN 979-11-86880-27-2 93230

※ 가격은 표지 뒷면에 있습니다.

「이 도서의 국립중앙도서관 출판시도서목록(CIP)은 서지정보유통지원시스템 홈페이지(http://seoji.nl.go.kr)와 국가자료공동목록시스템(http://www.nl.go.kr/kolisnet)에서 이용하실 수 있습니다. (CIP제어번호:CIP2015000753)」